JN274990

# 二十歳までに考えておきたい12のこと

### 現代人の暮らしといのち

近藤 卓 編著

米田朝香・弓田千春 著

大修館書店

## はじめに

　現代は，怒濤のごとく押し寄せてくる溢れんばかりの情報を，いかに取捨選択して整理し，さらにそれを咀嚼吸収していくかという能力が，すべての人に求められている社会であるといえよう。情報の選択を誤ってしまったり，あるいは咀嚼できないまま取り込んだりすると，取り返しのつかない失敗をすることにもなりかねない。

　特に近年に至って，かつては一部の専門家だけが知ることのできたような高度で専門的な情報が，インターネットによるデータの共有化で，たやすく入手できるようになった。そのことにより，興味関心に応じて誰もが特定の領域の専門的な知識の，相当に高いレベルにまで一気に到達できるようになった。高度な知識は，それを支える周辺の多くの知識との関連性を押さえていて初めて本来の力を発揮できるし，そうでない場合には，思わぬ誤用を生み出す危険性さえある。また，特定の狭い領域の知識だけに精通していくことで，他の有用な領域の知識に接触する機会を失うこともある。

　大切なことは，知っているか知らないかではなく，手に入れた知識をどう活用していくか，そして実際にどう行動していくかであろう。そのためには，専門的知識に裏打ちされた高い視点と，豊かな教養に支えられた幅広い視野の両方が必要とされる。

　本書は，成人を迎える「二十歳までに」，現代を生きる私たち自身の「暮らしといのち」を支えるために必要な知識と考え方を，できる限り多様な視点から幅広く網羅しようと試みた。それらは，無数にある視点のごく一部にしか過ぎないが，12項目のそれぞれが専門的知識に基づいた情報になっている。

　この本を手に取られたあなたが，これら「12のこと」を起点に，みずからその周辺領域にまで足を踏み入れて視野を広げ，これからの人生を切り開いていくための指針となる，確かな教養を得てくださることを願っている。

　　　　　　　　　　　　　　　2012年9月　　編者　近藤　卓

# 目次

はじめに ——— 3

## 第1章：幸せってなんだろう？
### ＜生存権と人間の欲求＞
▽これからの人生について考える時に、前提となることがある
1. 大切なものは ——— 8
2. 健康と病気 ——— 10
3. 健康ってなんだろう ——— 12
4. 健康に生きる ——— 13
5. 人の死と健康 ——— 17

## 第2章：良いこと？悪いこと？
### ＜飲酒・喫煙・薬物乱用＞
▽気付かずに寿命を縮めてしまう行為がある
1. 健康に暮らす ——— 22
2. 喫煙と健康 ——— 24
3. 飲酒と健康 ——— 27
4. 薬物乱用の現状と問題 ——— 28
5. 深刻な薬物乱用 ——— 30

## 第3章：人生ってどうしてつらいの？
### ＜ストレスとストレス対処＞
▽「良い」ストレスと「悪い」ストレスがある
1. 間接的な体験 ——— 34
2. ストレス障害 ——— 35
3. 心身相関とストレス ——— 37
4. ストレス対処 ——— 38
5. ストレスと成長 ——— 42
6. ストレスとともに生きる ——— 44

## 第4章：コミュニケーションって何？
### ＜他者と理解し合うために＞
▽言葉と同じくらいに大切なものがある
1. コミュニケーションとは何か ——— 46
2. 非言語表現"ノンバーバル・コミュニケーション"とは何か ——— 47
   1) 外見的特徴 ——— 48
   2) ジェスチャーと動作 ——— 50
   3) 表情と視線行動 ——— 50
   4) 音声行動 ——— 52
   5) 空間 ——— 52
   6) 接触 ——— 55
3. 言語表現"バーバル・コミュニケーション"とは何か ——— 57
4. より良いコミュニケーションとは何か ——— 59

## 第5章：自分の意見・他人の意見って？
### ＜集団の中の自分＞
▽私たちは互いに影響し合いながら考える
1. 人は社会の中で、社会を作って生きている ——— 62
2. 「人の集まり」の違いって？—集団、群衆、大衆、公衆— ——— 62
3. 集団の形成と集団からの影響 ——— 63
4. 群集心理とは何か？ ——— 66
5. 噂・流言の発生と影響 ——— 68
6. 影響し合っているということ ——— 70

## 第6章：人を助けるって？
<援助することと，されること>
▽社会は「助け合い」で成り立っている
1　援助行動とは ────── 74
2　援助行動を抑制するもの ── 74
3　援助行動を促進するもの ── 78
4　災害における援助行動 ──── 80
5　日常生活での援助行動 ──── 82

## 第7章：メディアは社会の道標？
<近代・現代はメディアの発達とともに>
▽メディアとの正しい付き合い方がある
1　メディアとは ────── 86
2　メディアからの影響 ───── 87
3　メディアから受ける影響 ── 88
4　メディアとのより良い付き合い方　91

## 第8章：キャリアを形成する？
<社会とのつながり>
▽働くことにはいろいろな意味がある
1　働くとは ────── 94
2　現代の労働状況 ───── 96
3　人生とキャリア ───── 98
4　自己決定・自己理解・
　他者からのフィードバック ── 101

## 第9章：結婚がゴール？
<自分の家族と自分がつくる家族>
▽そして自分がいのちを
　生み出す側になる
1　結婚とは ────── 106
2　結婚観の変遷 ────── 107
3　未婚率の上昇 ────── 108
4　家族とは ────── 111
5　家族とストレス ───── 113

## 第10章：一人称の死？
<自分自身のいのちを考える>
▽死んだら動かない。誰でも死ぬ。
　そして生き返らない
1　現代日本の死亡率と死亡原因 ── 118
2　ホスピスとは ────── 118
3　QOD—Quality of Dying
　"死の質" ────── 122
4　死やいのちについて考えること ── 124

## 第11章：二人称の死？
<死別と悲嘆との向き合い方>
▽いつかは必ず別れる時が訪れる
1　対象を喪失すること ───── 130
2　死別による悲嘆 ────── 131
3　死別体験後に生じる
　二次的ストレッサー ───── 134
4　遺族の悲嘆との向き合い方 ── 135
5　おわりに ────── 137

## 第12章：ちゃんとした生活って？
<健康観の変遷と生活習慣>
▽「いのち」を大切に生きるということ
1　自分らしく生きる ───── 142
2　変化していく「私」 ───── 143
3　自分は大切な存在 ───── 144
4　健康な暮らし ────── 148
5　現代人の暮らしといのちは
　持続可能か ────── 149

用語解説 ────── 152
さくいん ────── 156

第1章

# 幸せってなんだろう?
## 生存権と人間の欲求

これからの
人生について考える時に，
前提となることがある

# 1 大切なものは

　私たちは，朝起きて夜寝るまで，いつも常に幸せを感じているわけではない。けれども，一日の始まりに，カーテンの隙間から差し込む朝の光にすがすがしさを感じて，生きていることの喜びをかみしめることがあるかもしれない。あるいは，休日の午後のゆったりとした時間に，しとしとと降り続く雨の静かな音に，心豊かな思いがわいてくるかもしれない。私たちは，そうした何気ない一瞬に幸せを感じたり，生きている喜びを実感することがある。

　一方で，自分なりの目標を立てて努力を重ねた結果大きな成果を得た時に，生きている実感を体感し，大きな喜びに満ち溢れることもある。また，心の通った仲間とともに地道な積み重ねを経た後に，一つの目的を達した時の全身に満ちる感動の一瞬も忘れ難いものである。

　喜びや幸せは，このように日常の何気ない一瞬に訪れることもあれば，非日常的な大きなできごととともにやってくるものでもある。いつも常に幸せを感じていないからといって，いつも常に悩みやストレスを感じているわけではない。しかし，まったく悩みやストレスのないという人もいないのではないだろうか。図1に示したグラフは，そのことを如実に物語っている。約半数の人は，なんらかの悩みやストレスがあると答えており，ないという回答をやや上回っていることがわかる。

**図1　悩みやストレスの有無**

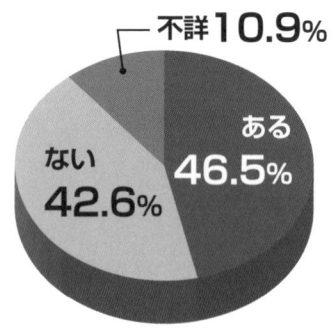

不詳 10.9%
ある 46.5%
ない 42.6%

**表1　悩みやストレスの原因の上位3位**

| 順位 | 原因 | 回答率（%） |
|---|---|---|
| 1位 | 自分の仕事 | 36.6 |
| 2位 | 収入・家計・借金等 | 30.3 |
| 3位 | 自分の病気や介護 | 18.5 |

（国民生活基礎調査，2010）

第1章 幸せってなんだろう？＜生存権と人間の欲求＞

では，その悩みやストレスの原因はどういったものであろうか。

ここに，悩みやストレスの原因を尋ねたアンケート調査の結果がある（**表1**）。これを見てみると，「自分の仕事」が1位で，仕事がまず安定していることが私たちにとっての第一の関心事であることが示されている。

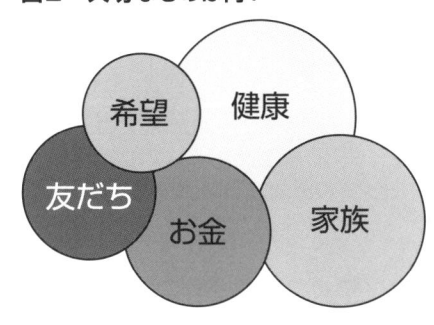

図2　大切なものは何？

第2位は，「収入・家計・借金等」となっていて，現在が経済的に安定した状態であっても，先々の心配があるようでは安心していられないということを示している。さらに第3位は現在の「自分の病気や介護」となっていて，要するに健康と経済的な安定が保障されていなければ，安心して生活できないということであろう。裏を返せば，私たちにとって大切なものは「健康」と「お金」は外せないということであるが，それだけで良いというわけではない。多くの調査が示していることだが，健康やお金のほかに，家族，友だち，希望などがなくては幸せな生活とは言えないだろう（**図2**）。

このように，大切なものにはさまざまなものが挙げられるが，それもこれも"生きていること"が保障されていてはじめて考えられることである。

わが国においては，憲法第25条で「**すべて国民は，健康で文化的な最低限度の生活を営む権利を有する。国は，すべての生活部面について，社会福祉，社会保障及び公衆衛生の向上及び増進に努めなければならない**」と規定されている。つまり，私たちの健康は憲法によって保障されている。健康な生活は，私たちの権利なのである。

また憲法第13条では，「**すべて国民は，個人として尊重される。生命，自由及び幸福追求に対する国民の権利については，公共の福祉に反しない限り，立法その他の国政の上で，最大の尊重を必要とする**」と幸福権が規定されている。

しかしながら，こうした権利は，結局のところ私たち自身の家庭生活，

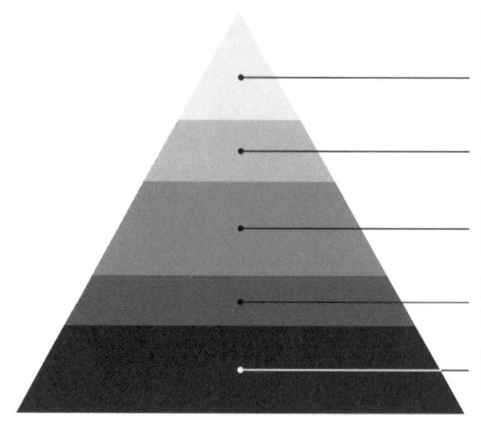

図3　マズローの欲求階層説
- 自己実現 Self actuealization
- 自尊の欲求 Esteem needs
- 所属と愛の欲求 Beiongungness and love needs
- 安全欲求 Safty needs
- 生理的欲求 Physiological needs

社会生活など日々の活動や努力によって具体化されていくことであろう。抽象的な"国"が保障してくれるのではなく，私たち自身がその"国"を形作っているのであるから，私たち自身の努力と活動なくして権利は実現されないのである。

心理学の面からは，私たちの健康と幸福を概念化したマズローの欲求のピラミッドがよく知られている（**図3**）。

マズローによれば，基本的な欲求としての「生理的欲求」と「安全欲求」を満たすようにまず私たちは望み，それを得るように行動するという。つまり，飢えや渇きを満たし生きるエネルギーを得た（「生理的欲求」）のちに，そうした状況を持続できるような安全な生活環境を求める（「安全欲求」）ことになる。このようにして基本的欲求が満たされて，はじめて社会的欲求として仲間を求め，信じ合える他者とともに暮らすこと（「所属と愛の欲求」）を欲するようになる。その後は，所属した仲間の中で自分の存在を認めてもらいたい（「自尊の欲求」）という感情が重要なものとなり，最終的に自分らしさを求め自分なりの生き方の実現（「自己実現」）へと向かうというのである。

## 2 健康と病気

健康な時には健康であることを忘れており，体の具合が悪くなったり病

気になった時に，はじめて普段健康であることのありがたみが身にしみた，という体験を多くの人たちがしているだろう。普段は，そこにあることが当たり前のように思っている空気や水のように，多くの人々は健康であることにとりたてて注意を払ったり，健康であることに感謝することなど，すっかり忘れているように見受けられる。特に，そうした傾向は無理のきく若い世代に見られるようである。

　**図4**は，性別・年齢階級別にみた有訴者率のグラフである。つまり，なんらかの心身の不調を訴える人が，全体でみると男性では1,000人中286.8人（28.7％），女性では355.1人（35.5％）いるということになる。男性より，女性の方が有訴者率が高い，つまり具合の悪さを訴える人が多いということである。

　さらに，年齢別にみていくと青年期に相当する20〜29歳では，男性で17.9％，女性で26.5％が具合の悪さを訴えている。それに対して，現代の人口比で最も数の多い1947年前後生まれを含む階級つまり60歳〜69歳では，有訴者率は男性で35.1％，女性で41.0％となっている。

　**図5**に示したものは，性別・年齢階級別にみた通院者率である。図4と図5を比べてみると，非常に興味深いことがみえてくる。

　有訴者率では男性17.9％，女性26.5％だった20〜29歳が，通院者率ではそれぞれ12.4％と18.3％に減っているのに対して，60〜69歳では，男性で35.1％，女性で41.0％の有訴者率が，通院者率ではそれぞれ56.0％と

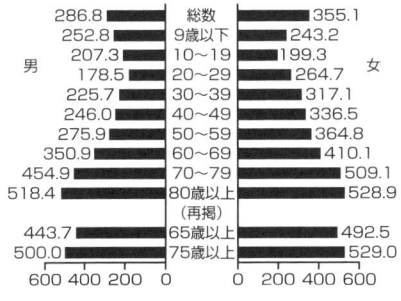

図4　性・年齢階級別にみた有訴率

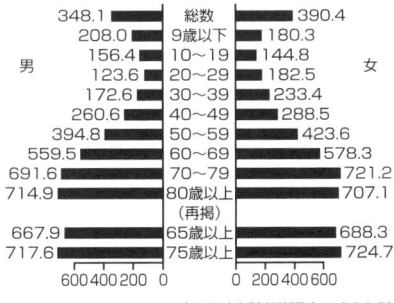

図5　性・年齢階級別にみた通院率

（国民生活基礎調査　2010）

57.8%へと大きく増えているのである。

　このことは，何を意味しているのであろう。20～29歳の若者たちは，体の具合の悪さを訴えはするけれども，通院しないでいる。そこには，病院に行くほどではない，病院に行くのは嫌だ，病院に行く時間がないなどさまざまな理由や言い訳があるのであろう。通院しないでいるというよりは，通院しないで済ませている，と言った方がより正確かもしれない。

　一方，60～69歳の年配者の中には，具合の悪さは訴えないけれども通院する人がいるということである。そこには，必要以上に具合の悪さを深刻に受け止めている，現在は不調を感じないが予防的に通院している，現在は解決したがかつての具合の悪さのリハビリ的な意味で通院している，などさまざまな理由が考えられよう。

　いずれにしてもこれら二つの図を比べてみると，年配者と比べてみた場合の，若者の健康観（疾病観）の違いが浮き彫りになってくる。

## 3 健康ってなんだろう

　「健康とは何か」という問いの答えで，最も古くて新しい回答は「病気でないこと」であろう。たしかに，健康とは病気でないことであるが，では病気とは何かと問えば，その答えは健康でないことということもできる。つまり，病気と健康で堂々巡りをするだけで，一向に事柄の本質を言い当てる結論にはいたらない。

　そもそも，病気，つまり疾病の概念は，医学や健康科学の進展とともに，常に変化しており，それに伴って健康の概念も常に変化し続けている。例えば，世界保健機関（WHO）はその保健憲章の前文で，良く知られた健

**表2　健康の定義**

| |
|---|
| Health is a state of complete physical, mental and social well-being and not merely the absence of disease or infirmity.<br>　健康とは，完全に身体的，精神的，社会的に良い状態のことであり，ただ単に病気や虚弱でないということではない。<br>　　　　　　　　　　　　　　　　　　（WHO保健憲章前文・定義　1948） |

康の定義を示している（**表2**）。

しかし，第二次世界大戦から半世紀が過ぎて，WHOではこの定義を改訂する議論を進めてきた。具体的には，議論のポイントは二点ある。

一点は，「身体的，精神的，社会的」と三つの側面から健康を定義しているが，そこに「スピリチュアル」という文言を付け加える必要があるかどうかの議論であった。「スピリチュアル」を日本語に訳せば，「霊的」「魂的」などとなろうが，きわめてわかりにくく，また場合によっては特定の信仰や宗教に偏った見方にもなりかねない。

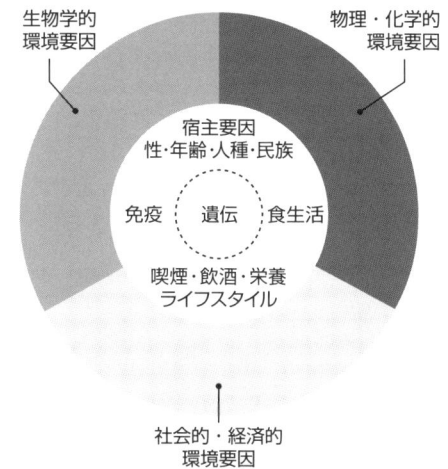

(鈴木庄亮，久道茂編『シンプル衛生公衆衛生学2005』)

議論のもう一点は，健康を「良い状態」とした点である。健康は一定の状態を指すものであろうか，ということである。そうだとすれば，障害や病気を持っている人は，健康ではないということになり，そうした障害が生まれつきのものであったり，病気が慢性的で不治のものであれば，そうした人々は「健康」には到底なれないということになる。そこで，単に「状態」とするのではなく「動的な状態（dynamic state）」とすることで，いわば健康を"結論"でなく"過程"とすることが提案されたのである。しかし，こうした議論の結末はいまだに定まったわけではなく，つまり健康の概念は流動的だということができるのである。

## 4 健康に生きる

日本は，世界に冠たる長寿国であるといわれる。ただ，そうした状態が一朝一夕に成立したわけではない。**表3**に見るように，第二次世界大戦後間もない1947年には，日本の男性の平均寿命は50.06歳，女性は53.96歳

## 表3 戦後における平均寿命の推移

単位は（歳）

| 元号 | 西暦 | 男 | 女 | 元号 | 西暦 | 男 | 女 |
|---|---|---|---|---|---|---|---|
| 昭和22 | *1947 | 50.06 | 53.96 | 54 | 79 | 73.46 | 78.89 |
| 23 | 48 | 55.6 | 59.4 | *55 | *1980 | 73.35 | 78.76 |
| 24 | 49 | 56.2 | 59.8 | 56 | 81 | 73.79 | 79.13 |
| 25 | 50 | 58.0 | 61.5 | 57 | 82 | 74.22 | 79.66 |
| 25-27 | *1950-1952 | 59.57 | 62.97 | 58 | 83 | 74.20 | 79.78 |
| 26 | 1951 | 60.8 | 64.9 | 59 | 84 | 74.54 | 80.18 |
| 27 | 52 | 61.9 | 65.5 | *60 | *1985 | 74.78 | 80.48 |
| 28 | 53 | 61.9 | 65.7 | 61 | 86 | 75.23 | 80.93 |
| 29 | 54 | 63.41 | 67.69 | 62 | 87 | 75.61 | 81.39 |
| 30 | *1955 | 63.60 | 67.75 | 63 | 88 | 75.54 | 81.30 |
| 31 | 56 | 63.59 | 67.54 | 平成元 | 89 | 75.91 | 81.77 |
| 32 | 57 | 63.24 | 67.60 | *2 | *1990 | 75.92 | 81.90 |
| 33 | 58 | 64.98 | 69.61 | 3 | 91 | 76.11 | 82.11 |
| 34 | 59 | 65.21 | 69.88 | 4 | 92 | 76.09 | 82.22 |
| 35 | *1960 | 65.32 | 70.19 | 5 | 93 | 76.25 | 82.51 |
| 36 | 61 | 66.03 | 70.79 | 6 | 94 | 76.57 | 82.98 |
| 37 | 62 | 66.23 | 71.16 | *7 | *1995 | 76.38 | 82.85 |
| 38 | 63 | 67.21 | 72.34 | 8 | 96 | 77.01 | 83.59 |
| 39 | 64 | 67.67 | 72.87 | 9 | 97 | 77.19 | 83.82 |
| 40 | *1965 | 67.74 | 72.92 | 10 | 98 | 77.16 | 84.01 |
| 41 | 66 | 68.35 | 73.61 | 11 | 99 | 77.10 | 83.99 |
| 42 | 67 | 68.91 | 74.15 | *12 | *2000 | 77.72 | 84.60 |
| 43 | 68 | 69.05 | 74.30 | 13 | 01 | 78.07 | 84.93 |
| 44 | 69 | 69.18 | 74.67 | 14 | 02 | 78.32 | 85.23 |
| 45 | *1970 | 69.31 | 74.66 | 15 | 03 | 78.36 | 85.33 |
| 46 | 71 | 70.17 | 75.58 | 16 | 04 | 78.64 | 85.59 |
| 47 | 72 | 70.50 | 75.94 | *17 | *2005 | 78.56 | 85.52 |
| 48 | 73 | 70.70 | 76.02 | 18 | 06 | 79.00 | 85.81 |
| 49 | 74 | 71.16 | 76.31 | 19 | 07 | 79.19 | 85.99 |
| 50 | *1975 | 71.73 | 76.89 | 20 | 08 | 79.29 | 86.05 |
| 51 | 76 | 72.15 | 77.35 | 21 | 09 | 79.59 | 86.44 |
| 52 | 77 | 72.69 | 77.95 | 22 | 2010 | 79.64 | 86.39 |
| 53 | 78 | 72.97 | 78.33 | | | | |

（厚生労働省「簡易生命表」「完全生命表」）

1）*印は完全生命表，その他は簡易生命表による。2）昭和20年，昭和21年は基礎資料が不備につき，本表から除いてある。3）昭和47年以降は沖縄県を含めた値であり，46年以前は同県を除いた値である。

## 表4 平均寿命の国際比較

| 国名 | 男 | 女 | 作成期間(年) |
|---|---|---|---|
| 日本 | 79.64 | 86.39 | 2010* |
| フランス | 78.1 | 84.8 | 2010* |
| スペイン | 78.55 | 84.56 | 2009* |
| スイス | 79.8 | 84.4 | 2009* |
| シンガポール | 79.3 | 84.1 | 2010* |
| イタリア | 78.81 | 84.07 | 2008* |
| オーストラリア | 79.3 | 83.9 | 2007-2009* |
| 韓国 | 77 | 83.8 | 2009* |
| スウェーデン | 79.53 | 83.51 | 2010* |
| イスラエル | 79.7 | 83.5 | 2009* |

（*は当該政府からの資料提供によるものである）

## 表5 健康寿命の国際順位

| 順位 | 国名 | 健康寿命(年) |
|---|---|---|
| 1位 | 日本 | 75.0 |
| 2位 | サンマリノ | 73.4 |
| 3位 | スウェーデン | 73.3 |
| 4位 | スイス | 73.2 |
| 5位 | モナコ | 72.9 |
| 6位 | アイスランド | 72.8 |
| 7位 | イタリア | 72.7 |

にすぎなかった。それが，2010年には男性79.64歳，女性86.39歳と飛躍的に伸びたのである。そして，現在の平均寿命は国際的にみても非常に高い数値となっている（**表4**，**表5**）。こうした状況を支えているのは，乳幼児死亡率の低下をはじめとした医療の進歩や，保健衛生，健康管理，健康教育，健康増進などの全国民を挙げての取り組みの成果であるといえよう。

年齢を重ねていった時に，できる限り自分らしさを発揮して，日常生活を有意義に楽しみながら過ごしたいと考えるのは自然なことであろう。日常の生活をしていく上で，食事，更衣，移動，排泄，入浴などの基本的な動作をどの程度できるかによって，生活の質（QOL；Quality of Life）は大きく影響を受けることになる。そうした日常生活動作のことを ADL（Activities of Daily Living）という。

QOL は，どれだけ人間らしく自分らしい生活を送り，幸せな気持ちが持てるかということである。したがって，QOLはその人の持つ価値観や物の見方によって，一人ひとり大きく異なることになる（**表6**）。

一例として，近年 QOL との関連で語られることが多い，胃ろうの装着についての議論がある。胃ろうは，高齢者などで口からの食物摂取が困難になった場合などに，腹壁に穴をあけて胃に直接管を通し栄養を補給する方法である。食物は経口による摂取が栄養の面からも最も望ましいが，嚥下(えんげ)障害（飲み込みが悪くなる障害）などでそれが困難な場合，胃ろうによって栄養の摂取が可能となり，生命の維持ができるようになる。

**表6　日本語版 euroQOL**

| 移動の程度 |
|---|
| 私は歩き回るのに問題ない |
| 私は歩き回るのにいくらか問題がある |
| 私はベッド（床）に寝たきりである |
| **身の回りの管理** |
| 私は身の回りの管理に問題はない |
| 私は洗顔や着替えを自分でするのにいくらか問題がある |
| 私は洗顔や着替えを自分でできない |
| **普段の活動（例：仕事，勉強，家事，家族，余暇活動）** |
| 私は普段の活動を行うのに問題はない |
| 私は普段の活動を行うのにいくらか問題がある |
| 私は普段の活動を行うことができない |
| **痛み／不快感** |
| 私は痛みや不快感はない |
| 私は中程度の痛みや不快感がある |
| 私はひどい痛みや不快感がある |
| **不安／ふさぎこみ** |
| 私は不安でもふさぎこんでもいない |
| 私は中程度の不安あるいはふさぎこんでいる |
| 私はひどく不安あるいはふさぎこんでいる |

ただ，多くの場合すでに患者はほかの器官の機能も衰えていたり障害が発生したりしているので，ほかにもいくつもの管や配線を体に装着していることが多い。それに加えて，胃ろうへの配管を行うことへの抵抗感を患者や家族が感じる場合もある。生命の維持は可能となるが，それがその患者のQOLの向上につながるのだろうか，という議論があるのである。

　現代社会の課題の一つは，高齢化にどう対処するかである。社会が高齢化するということは，つまり全人口に占める高齢者の割合が増えるということである。その結果，年金受給者の割合が増えることになり，すでに年金問題が議論の俎上(そじょう)に上ってきている。病気になる可能性も増えるので医療費問題も浮上するなど，さまざまな問題が議論されている。

　しかし本来，長生きをして年を取っていくことは，喜ばしいことではないだろうか。子どもにとっては親が，孫にとっては祖父母が一日でも元気にいてくれることは，何よりもうれしいことのはずである。表7に示したように，古くから長寿を祝うことは当たり前のことで，長生きは望ましいことであり決して悪いことではないはずである。

表7　祝い年ってなんだろう

| 年齢 | 祝い年 |
| --- | --- |
| 10歳 | 幼学（ようがく） |
| 15歳 | 芳年（ほうねん） |
| 20歳 | 弱冠（じゃっかん） |
| 60歳 | 還暦（かんれき） |
| 70歳 | 古希（こき） |
| 77歳 | 喜寿（きじゅ） |
| 80歳 | 傘寿（さんじゅ） |
| 88歳 | 米寿（べいじゅ） |
| 90歳 | 卒寿（そつじゅ） |
| 99歳 | 白寿（はくじゅ） |
| 108歳 | 茶寿（ちゃじゅ） |
| 111歳 | 川寿（せんじゅ） |

　ところが，本来「良いこと」のはずの長寿が「悪いこと」のようなイメージを持たれているのはなぜだろうか。化粧品の宣伝などでも，実年齢より若く見えることを売り物にしている。それは，いつのまにか「年を取る＝できないことが増える」という図式にとらわれているからではないだろうか。むしろ，「年を取る＝経験が増えて，できることが増える」という発想の転換が必要なのではないだろうか。「老人力」（赤瀬川原平『老人力』筑摩書房，1998）とか「忘却力」という発想の転換が必要とされているのである。

　一般に高齢者とは65歳以上の年齢を指すが，2012年現在いわゆる戦後の第1次ベビーブーム世代（団塊(だんかい)の世代）がちょうど65歳

となっており，これまでの高齢者の概念を変えるような動きを示している。まず単純に人口の点で他を圧倒する数であり，例えば現在の学齢期の人口が一学年120万人前後であるのに対して，この学年は250万人余りとなっている。その前後4年間を合わせれば，1,000万人に達しようという数なのである。

第二次世界大戦の終戦直後に生まれたこの世代は，戦後の高度経済成長とともに生きてきた，エネルギーに満ちた元気な世代であるともいえる。そうはいっても，当然のことながら年相応に老化は進んでいるので，自らの心身の状態をよく理解した上で，ほかの世代とも相互に理解しあい補い合うことによって，社会活動に参加していくことが必要であろう。

## 5 人の死と健康

「日本人の死亡率は何パーセントでしょうか？」

さて，どのくらいだろう。がんの死亡率が高いと聞いているし，心臓病も多い。さらには，最近では10年以上にわたって，自殺による死者が年間3万人を超えている。全人口が1億3千万人ほどだから，それを分母にしてそれらの数値を割ると，などさまざまな計算が可能かも知れない。

しかし，先の質問は年間の死亡者数やその全人口に対する死亡率などではなく，ただ単に「日本人の死亡率」である。これは，厚生労働省の統計をみるまでもなく，まちがいなく100％である。すべての人は死ぬのであ

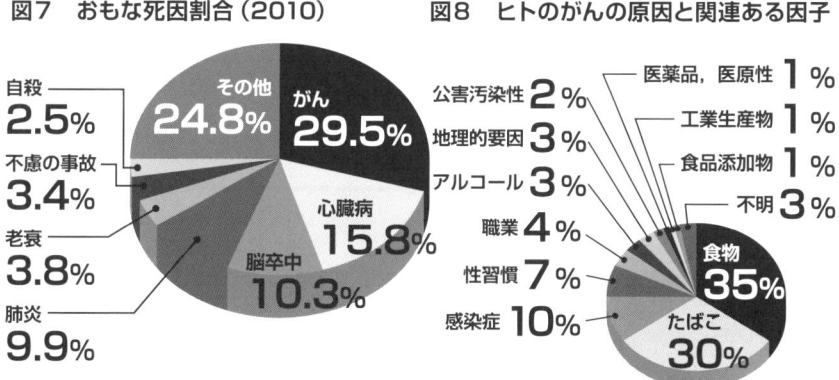

図7　おもな死因割合（2010）　　図8　ヒトのがんの原因と関連ある因子

る。これをいのちの教育やデス・エデュケーション（第11章参照）の術語で「普遍性」とか「不可避性」と言っているが，とにかくあらゆる人はいつかは死に至るのである。

　ただ，どのように死を迎えるかについては，さまざまな選択の可能性があるはずである。まず，現代社会では，多くの人が病院で死を迎えている。そしてその死因は，全人口でみると第1位ががん（悪性新生物）である（**図7**）。一年間の死者の30％以上が，がんが原因で亡くなっている。第2位は心臓病，第3位は脳卒中と続く。これらは三大疾病とも言われるもので，生活習慣病でもある。つまり，生活習慣の改善で，その発症を減らしたり押さえたりすることができるとされるものである。

　ここまで，さまざまな観点から健康とは何かを考えてきた。
　「健康とは，病気ではないこと？」
　「病気って何？」
　「健康は状態？それとも変化していくもの？」
　「健康の条件は？」
　「健康って，そもそも大事なこと？」
　「病気の人ってどのくらいいる？」
　「人の寿命は？」
　「幸せって何？」

　これらの中のいくつかには答えが見つかったかもしれないが，その多くには万人が納得するような回答が得られていない。この章で扱ってきた問いかけは，そのどれもが，人はなんのために生まれてきたのか，人の命とはなんなのか，人は死んだらどうなるのか，といった問いにも通じる，根源的な問いであると言えるだろう。

　現在得られる医学や諸科学の最新の知見を知り，人の健康について深く理解することは，現代社会に生きる者として必要不可欠なことであろう。しかし，同時に必要なことは，自分とは何か，自分にとっての幸せはなんなのか，自分はどのように生きたいのかといった，自分なりの価値観や世界観，人生観をしっかりと持つように努力することも怠ってはならないだろう。そのためには，多くの体験を積み，人と出会い，話を聞き，新聞や

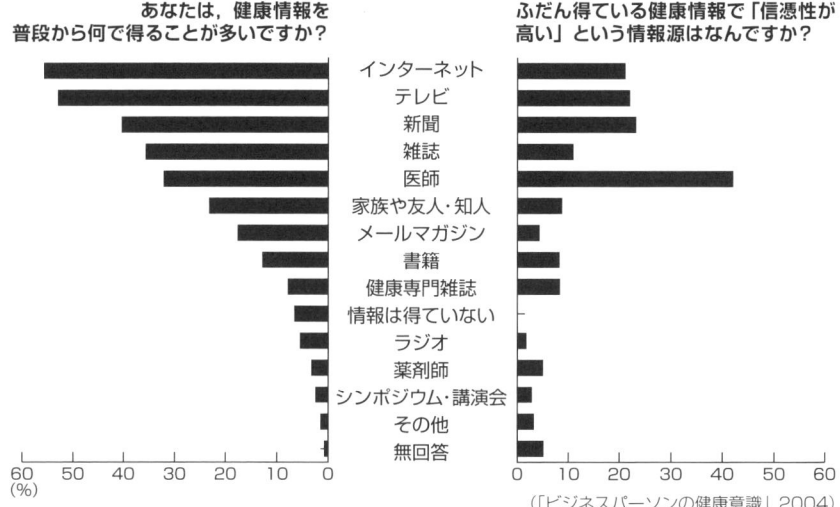

図9 健康情報源

（「ビジネスパーソンの健康意識」2004）

本を読み，知識を広げ深めることが欠かせない。

　グラフ（**図9**）に示したものは，人々が得ている健康情報源である。信憑性という点で多くの人が疑問を抱きながらも，インターネットに頼っているという回答が最も多い。スマートフォンやタブレット型端末，小型軽量のパソコンなどの普及に伴って，さらにこうした傾向が強まると考えられる。

　最終的には，多くの情報の中から自分の判断で一つを選択して，それに基づいた行動を取ることになる。結局のところは，自分自身の判断力にかかっているといってもよい。その判断力を支えるのは，日頃の生活で鍛えられた情報摂取と咀嚼・吸収の能力である。

（近藤卓）

## 第2章
# 良いこと？ 悪いこと？
**飲酒・喫煙・薬物乱用**

気付かずに
寿命を縮めてしまう
行為がある

# 1 健康に暮らす

　健康ブームという言葉も聞かれるほどに，現代社会では多くの人々が健康に心がけて暮らしているように思われる。ダイエット，ランニング・ブーム，健康食品，サプリメントなど，健康に関連したブーム，商品やサービスも多く，健康産業が成立している。

　こうした状況の背景には，日本人の死亡原因の第1位を占めているがん，第2位の心臓病などの慢性疾患が，現代人の生活習慣に深く関係していることがわかってきたからである。

　生活習慣と健康の関係を明らかにした研究（森本他訳，1989）がある。この研究は，アメリカ合衆国のカリフォルニア州アラメダ郡で，約7,000名の成人男女を対象に1965年に調査を開始し，9年後の1974年に追跡調査を行って，それらの人々の生存率を調べたものである[1)2)]。

　そこで調べられたのは，図1に示した7つの健康習慣である。喫煙をしない場合に1点，そうでない場合に0点，飲酒を適度にするかまったくしない場合に1点，そうでない場合に0点という具合に7項目について調べた。つまり，最も良い健康習慣を持っている人は7点となり，最も悪い場合は0点となるわけである。

　その結果，9年後の死亡率に特に強い関係を持っていたものは，運動，喫煙，飲酒，肥満，睡眠の5項目であったという（**図2～6**）。

　また，この研究では生活習慣として健康習慣のほかに，結婚しているかどうか，親しい友人や親類との付き合い，教会への参加の程度，教会以外でのグループ活動などの，社会的ネットワークについても調査した。その結果，**社会的ネットワークの乏しい群は死亡率が高く，豊かな群は死亡率が低かった**という。その際，最も乏しい群の死亡率は，最も豊かな群の2.3倍（男性），2.8倍（女性）と高かったのである。

第2章 良いこと？悪いこと？＜飲酒・喫煙・薬物乱用＞

### 図1　7つの健康習慣

1. 喫煙をしない
2. 飲酒を適度にするか、まったくしない
3. 定期的にかなり激しい運動をする
4. 適正体重を守る
5. 7〜8時間の睡眠を取る
6. 毎日朝食を摂る
7. 不必要な間食をしない

### 図2　運動量と死亡率

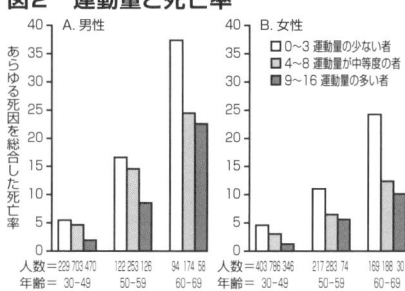

### 図3　喫煙と死亡率

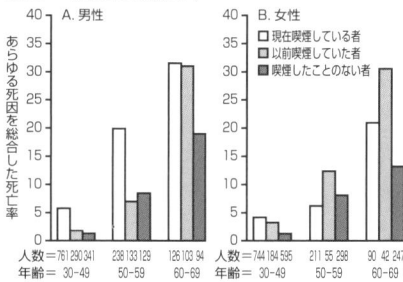

### 図4　飲酒と死亡率

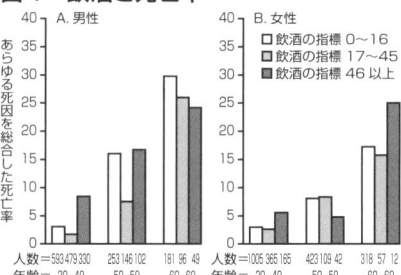

### 図5　肥満と死亡率

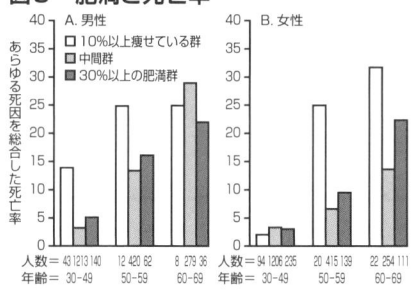

### 図6　睡眠時間と死亡率

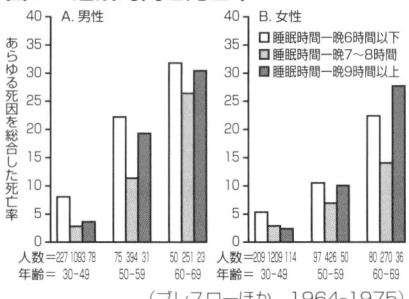

（ブレスローほか，1964-1975）

## 2 喫煙と健康

図7に示したように，喫煙を原因とした疾病による死者数は2000年の段階で114,200人と，交通事故死者の数倍，殺人による死者数に比べれば100倍を超えている。こうしてみると喫煙は，きわめて深刻な人的被害を及ぼす行為だということがわかる。

前項で触れたアメリカの研究でも，喫煙習慣は9年後の死亡率に影響を与えていることが示されていた。しかも，未成年の喫煙は成長を阻害するので法でも禁止しているし，また喫煙者だけでなく周囲の人々にも受動喫煙の深刻な害を及ぼすことがわかっている。特に受動喫煙は，副流煙によって身近な人の健康を害し，たとえば喫煙者の夫をもつ非喫煙者の妻は，肺がんによる死亡率が高いという報告もある。

しかし，現実にはわが国の成人男女の喫煙率はここ数年，なかなか下がる気配が見えない。喫煙習慣は，たばこが含有するニコチンによる一種の依存症であるから，単なる精神論だけではなかなかやめられないのも事実である。したがって，しっかりとした計画に基づいた治療が必要とされるのである。それでも，たばこを吸う人は少なくない。2009年（平成21）の段階で，男性の平均喫煙率は38.2％，女性は10.9％となっている。年齢階層別では，男性は30歳代が51.2％と最も多く，女性でも20歳代が16.2％，30歳代が17.5％と若年層が高い値を示している（**図8**）。さらに，男性は減少傾向にあるのに対して，女性では横ばい傾向にある。

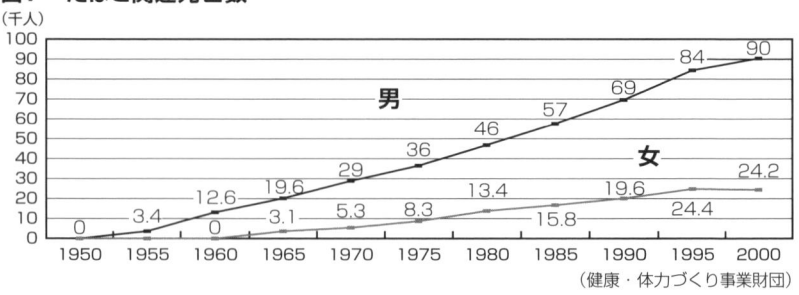

図7　たばこ関連死亡数

（健康・体力づくり事業財団）

第 2 章 良いこと？悪いこと？＜飲酒・喫煙・薬物乱用＞

図8　成人喫煙率

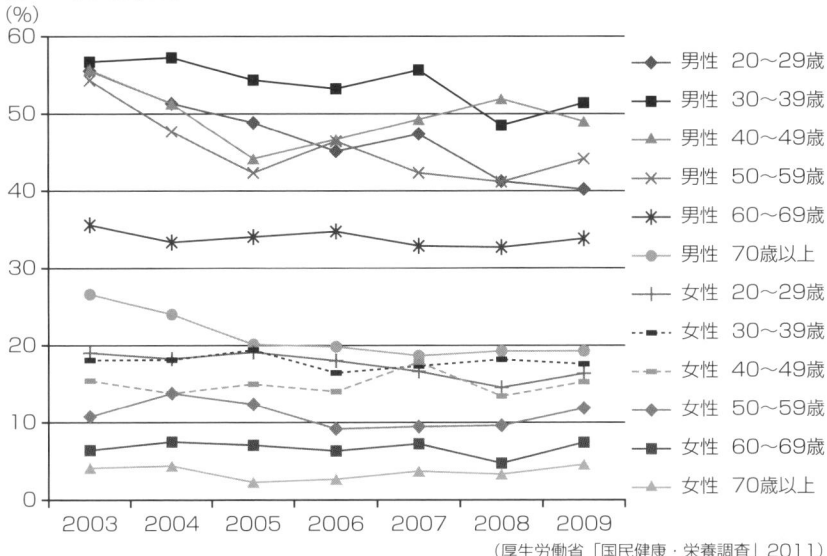

（厚生労働省「国民健康・栄養調査」2011）

図9　未成年者がたばこを吸う理由（複数回答）

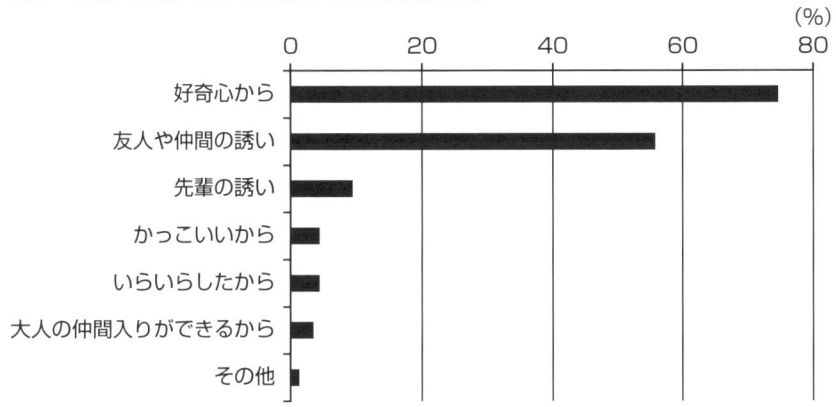

（内閣府「青少年の酒類・たばこを取得・使用させない取組に関する意識調査」2008）

害があるとわかっていても，しかも依存症としての医学的な治療法が確立している現在でも，なお喫煙習慣を変えようとしない人々がいるのはなぜだろうか。それは，やはりその人にとっての，たばこのメリットがあるからであろう。つまり，身体的な健康を害するというデメリットを超えて，心理・社会的なメリットの大きさのほうが勝っているのであろう（図9）。

　喫煙は多くの問題を持った行為ではあるけれども，身の回りに喫煙を続ける多くの人々がいるのが現実である。禁煙や非喫煙の働き掛けや教育をたゆまず続けることが必要であるが，あわせてこうした現状に目をつぶるわけにはいかない。そうした中で，現在わが国でも禁煙サポートや節煙対策あるいは防煙対策など，さまざまな試みが行われている。

　それらのうちの一つが，分煙の広がりである。病院や学校あるいは鉄道の駅など，多くの人々が集い利用する施設などでは，分煙や禁煙が進められている。小・中学校や高校などだけでなく，大学などでも禁煙や分煙が一般的になりつつある。

　また，特定の施設の中や周辺だけでなく，街頭での喫煙も場所を限定したり指定したりして，歩行中の喫煙を条例で禁止している自治体も増えつつある。さらには，飲食店や遊戯施設などでも禁煙が広がってきている。

　一方，たばこをなるべく買わせないような方策も工夫されている。宣伝や広告には，一定の基準が設けられていて，先進国を中心とした多くの国においてたばこの宣伝はすでに全面的に禁止されている。わが国でも，1998年からはテレビ，ラジオ，映画，インターネットなどによるたばこの宣伝は禁止されている。さらに，たばこを入手しにくくする方策として，自動販売機での購入には登録済みのカードが必要になっているし，そもそもたばこの値段を上げるという方法も検討されている。また，たばこの箱そのものに，喫煙の健康に対する害を表示することも行われている。

　このように，あの手この手で喫煙者を減らすべく方策が取られているが，現実にはその歩みは遅い。

## 3 飲酒と健康

次に，喫煙と並んで健康を阻害する要因になりうる飲酒について考えてみよう。「あの人は酒に強い」とか「私は酒に弱い」などと言うことがある。一方で，少しずつ鍛えていけば，酒に強くなるという言い方がされることがある。医学的には，酒に強い体質と弱い体質があって，それは遺伝によって決まっている。アルコールに対する反応を見るパッチテストで，強いか弱いかは判定できる。自分の体質と，その適量を知っておくことは，極めて重要なことである。

> 図10　共通点は何？
>
> ・サークルのコンパで日本酒・ウイスキーを各コップ 4～5 杯飲まされ，翌日死亡（19歳男性）
> ・日本酒・焼酎計 2.5Lを立て続けに飲まされ，死亡（21歳男性）
> ・ビールにウイスキーを混ぜたものを一気飲みさせられこん倒。脳が萎縮し6日後に死亡（24歳男性）

酒は百薬の長，などと言われることもあるように，適量を摂取するのであれば心身の健康を害することはない。しかしながら，限度（一人ひとり異なる）を超えた飲酒は，生命を危うくすることもある，非常に危険な行為なのである。

大学の飲み会やコンパなどで，日本酒やビールなどを半ば強制的にあるいは遊び半分で飲まされて，急性アルコール中毒になって死亡する事件が後を絶たない（図10）。「一気飲み」などをあおることは殺人行為である，という自覚を持つことが必要である。適量以上の飲酒や，短時間の大量飲酒は絶対にしてはならないし，させてもいけないことである。

また，生活習慣として考えた場合，毎日過度の飲酒を続けると食道がんや肝硬変の発症率が上がることがわかっているし，アルコール依存症の発症の可能性や脳の委縮も進むことになる。いずれにしても，自分の体質を知ったうえで，自分に合った適量のアルコールとうまく付き合っていくことが肝要である。

## 4 薬物乱用の現状と問題

　広い意味で言えば，酒やたばこも薬物であり，度を越した摂取は心身に深刻な影響を及ぼすことはこれまで見てきたとおりである。しかしながら，それらは年齢や場所などの一定の条件をクリアすれば，法によって禁じられることはない。いわば，社会的にも法的にも認められた合法的なものである。それに対して，法的に認められない違法薬物の類が，青少年の間に広がっており深刻な状況である。特に，覚せい剤や合成麻薬は，図11に示されているように近年減少傾向にあるが，まだまだ深刻な状況であることには違いがない。それに対して，大麻の乱用はこの数年で急激に増えており，深刻の度が増している（図12）。

　また，覚せい剤乱用少年の男女比を見ると，図13のように女子の割合が増加傾向にある。2001年（平成13）には全体の人数946人に対して女子は455人で48.1％だったが，2010年には全体の228人に対して女子は146人であり64.0％へと増えている。若い女性の喫煙率が増加傾向にあることを前項で述べたが，覚せい剤乱用でも女子の割合が増えており，近年の女性の生活スタイルや考え方の変化などとの関連で，考慮すべき点があるのかもしれない。また，MDMAなどの合成麻薬については，2000年代中頃までは少年の検挙人数が増える傾向にあったが，2010年代に入ってからはほとんど統計に表れないほどに減少している。シンナー等の乱用も2000年以降減少傾向にあり，全体の数は少なくなっている。ただ，その内に女子の占める割合が増加傾向にあり，2010年の段階では50％を超える数字を示している（図14）。

　一方，"脱法ドラッグ"と言われる薬物の乱用が，近年深刻の度を増している。"ハーブ"と称して，"脱法ドラッグ"を染み込ませた乾燥植物の葉を販売する手法が横行している。取り締まり当局としては，それらを"脱法"のままにせず，"違法"な薬物として取り締まりを進めているが，それらの"ハーブ"を扱う業者はさらに新たな"脱法ドラッグ"を開拓・開発するという，イタチゴッコが続いている現状である。的確な取り締まりが可能になるような法の改正が検討されている。

### 図11 覚せい剤乱用で検挙した中学生・高校生の推移

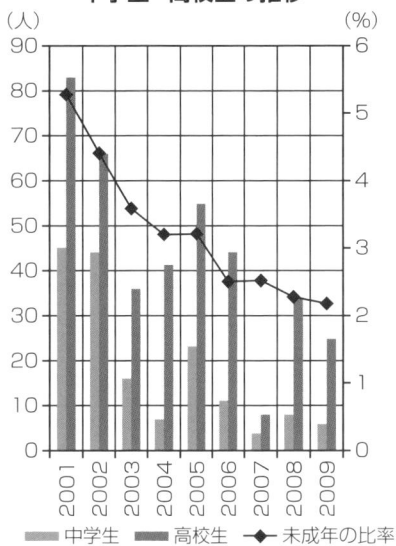

### 図12 大麻乱用少年の男女別検挙人数の推移

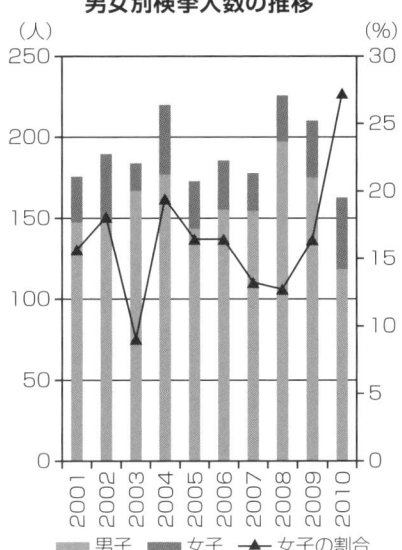

### 図13 覚せい剤乱用少年の男女別検挙人数の推移

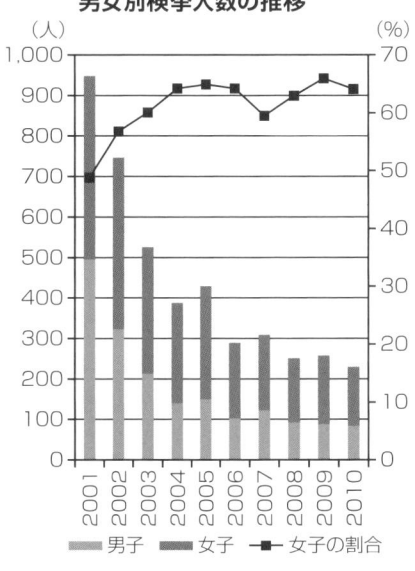

### 図14 シンナー乱用少年の男女別検挙人数の推移

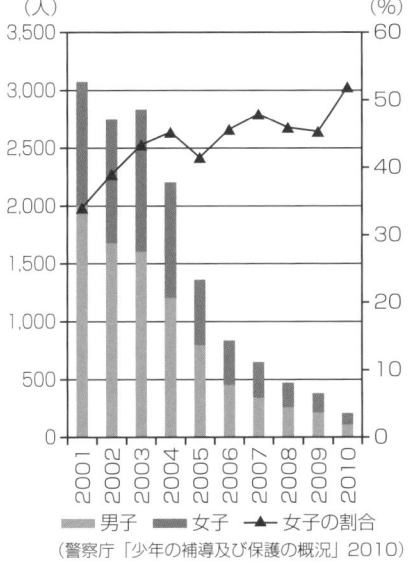

(警察庁「少年の補導及び保護の概況」2010)

## 5 深刻な薬物乱用

　私たちにとってまず大事なことは，たばこや酒の持つ意味をしっかりと理解し，自分の意志で判断し行動することである。
　しかし，それらと一線を画するのが薬物乱用の問題である。これまで見てきたように，違法な薬物などが青少年の生活の中に入り込んでいる状況は，きわめて深刻である。
　**薬物乱用は人生を1回で破壊してしまう恐ろしい行為であることを，しっかりと肝に銘じることである。**覚せい剤や大麻あるいは脱法ハーブなどは，現在青少年を狙ってその販売量を増やしつつある。こうした青少年の乱用者の増加傾向は，戦後の第3次薬物乱用期を形作っているとも言われている。
　たばこや酒の場合でも見られることであるが，それらを摂取することが「カッコいい」とか「ファッション感覚」であったりという間違った受け取り方をしていることがある。また，認識不足で「1回なら大丈夫だ」とか「いつでもやめられるから」などと，気軽に手にしてしまうこともある。さらには，みんながやっているのに自分がやらないと仲間外れになってしまう，などという集団意識に流されていることもある。
　しかしこれらの考え方は，いずれも誤りである。薬物の摂取は決して「カッコいい」ものではなく，人の目を避けて隠れてコソコソすること，そして犯罪に手を染めることは，むしろ最も恥ずかしい行為である。また，薬物を一度使用してしまうと簡単にはやめられなくなる。身体的・生理的な依存性だけでなく，それまであった心理的な障壁（バリア）は，一度乗り越えてしまうと，それ以後はバリアがバリアとして働かなくなるという，心理的なメカニズムがあることを知らなくてはならない。
　一度薬物を使用すると，薬物の作用によって薬物特有の快感（偽りの快感）を体験する。そして，薬物の働きが切れると不安感やイライラ感が募ってきて薬物を求めるよう行動し，結局再度薬物を使用するということになり，悪循環が生じてしまうのである。こうなると自分の意志によるコントロールは極めて困難で，その循環を止めることはできなくなってしま

うのである（図15）。

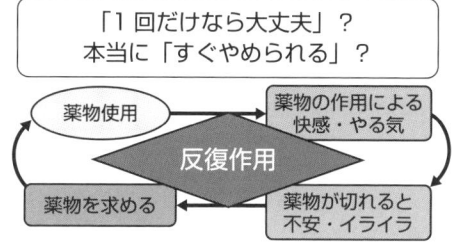

図15　依存の形成

◆脳に直接影響を与えるので…
→1回の使用で依存症になることも
→自分の意志によるコントロールが不可能に

一度でも薬物を使用すると，元の自分には戻れないと認識するべきである。薬物を乱用すれば，幻覚や妄想などの薬物精神病が引き起こされ脳の神経が破壊される。また，骨や歯，さらには肺や心臓などの内臓にまで破壊が進む。精神的には，常にイライラして薬物のことが頭を離れず，重い依存症になってしまう。そうした状況になってしまうと，何がなんでも薬物を手に入れようと金銭的にも無理を重ねていき，最終的には薬物を入手するために犯罪行為に及ぶことさえある。

薬物乱用を防ぐためには，まず正しい知識を持つことが肝要である。確固たる知識を持つことは，友人や知人からの誘いがあったり思わぬ誘惑があった場合でも，それを断固としてはねのけ，自分の身を自ら守るための大きな力のもとになるだろう。

青年期には，さまざまな悩みや葛藤に苦しむこともあるかもしれない。そうした時に生じるわずかな心の隙間に，薬物などの魔の手が忍び寄ってくることもある。しかし，しっかりと目標を立てて，自分らしさを見失わないような生き方をしていくことで，そうした魔の手をはねのけることができる。

もちろん，一人ではどうにも解決できないような苦しみや，心の迷いやゆらぎに振り回されそうになることもあるだろう。そんな時こそ，信頼できる身近な友人や家族，先生が大きな支えとなる。そして場合によっては，カウンセラーや医師などの専門家に頼ることも必要である。

青年期というのは，長い人生の道のりが始まったばかりのところである。マラソン競技に例えれば，スタート地点の陸上競技場から公道のコースへ走り出たばかりのところ，といってもいいであろう。そんなスタート直後の段階でつまずくことなく，人生の長距離コースを自分のペースで走り続

けて，しっかりと完走してほしいと願うのである。

&lt;参考文献&gt;
1）森本兼曩監訳，星旦二編訳『生活習慣と健康』HBJ 出版局，1989
2）Berkman, L.F. & Breslow, L., Health and Ways of Living—The Alameda County Study. Oxford University Press, Inc., 1983

# 第 3 章
# 人生ってどうしてつらいの？
### ストレスとストレス対処

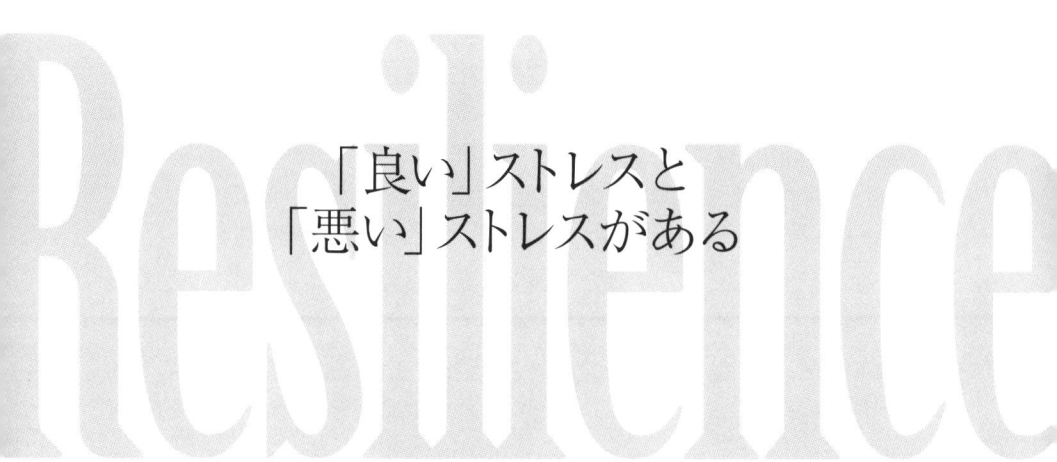

「良い」ストレスと
「悪い」ストレスがある

# 1 間接的な体験

　2011年3月11日は，日本社会にとって忘れられない日付となった。そして，その地震の最初の揺れが大地を揺るがせた午後2時46分は，私たちの記憶から永久に消え去ることのない時刻となった。東北地方を中心として，甚大な被害を及ぼした東日本大震災である。地震とそれに続く津波による被害，さらには福島第一原子力発電所の事故など，多方面での被害が私たちの社会に重層的に覆いかぶさってきた。

　現代社会は，インターネットをはじめとしたネットワークによって結び付けられた情報社会である。東日本大震災の際にも，震源地から遠く離れた場所にいた人々でも，インターネットやテレビの映像と音声で，居ながらにしてその被害状況を知ることができた。そのことは，良くも悪くも私たちに大きな影響を与えざるを得なかった。

　ある意味で，多くの人々が一つの事実を共有できるともいえるが，その体験はあくまでも視覚と聴覚のみによる間接的なもので，真の事実の共有ではない。いわゆる被災者の側では，自分たちの苦しさやつらさが真に理解されているとは思えないし，被災地から遠く離れたところで暮らす人々は，真実に手が届かないことのもどかしさを感じることになる。その両者は，メディアで結び付けられているだけであり，私たちは結局のところテレビやインターネットといったメディアに頼らざるを得ない状況にある。

　そうした受け手の側のニーズに応える形で，メディアはできる限り詳細で新鮮な情報を流し続けようとする。その結果，私たちは過剰な情報に繰り返しさらされ，二次的な問題を引き起こすことになる。その一例が，**図1**に示したような，メディアによる子どものストレスの問題である。

　東日本大震災後，多くの家庭で地震情報を知る目的もあってテレビをつけっぱなしにしていた。そのテレビ画面からは，連日の頻発する余震の情報と津波などの被害状況の映像が流され続け，幼い子どもがいる家庭では子どもたちが落ち着きをなくしたり，夜泣きをしたり，寝付きが悪いなどの訴えがあったという。医師や臨床心理士などが，そうした子どもへの注意を喚起したり，その対処方法を提示したりした。その一例が，**図2**に示

**図１ 震災映像によるストレスを伝える新聞記事**

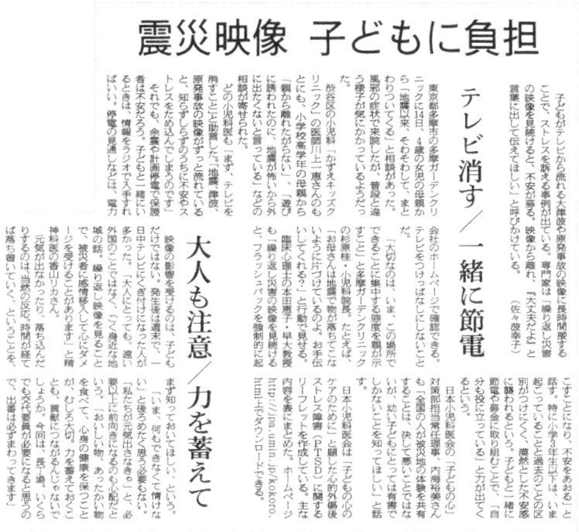

震災映像 子どもに負担

子どもがテレビから流れる大津波や原発事故の映像に長時間接することで、ストレスを訴える事例が出ている。専門家は「繰り返し災害の映像を見続けると、不安が募る。映像から離れ、『大丈夫だよ』と言葉に出して伝えてほしい」と呼びかけている。（佐々波幸子）

テレビ消す／一緒に節電

東京都多摩市の多摩ガーデンクリニックに14日、4歳の女児の母親から「地震以来、そわそわして、まとわりついてくる」と相談があった。風邪の症状で来院したが、普段と違う様子が気にかかっているようだった。

渋谷区の小児科「かずえキッズクリニック」の医師川上一恵さんのもとにも、小学校高学年の母親から「親から離れたがらない」、「遊びに誘われたのに、地震が怖いから外に出たくないと言っている」などの相談が寄せられた。

どの小児科医も「まず、テレビを消すこと」と助言した。「地震、津波、原発事故の映像がずっと流れていると、知らずしらずのうちに不安やストレスをため込んでしまうのです」

それでも、余震や計画停電で保護者は不安だろう。子どもと一緒にいるときは、情報をラジオで入手すればいい。停電の見通しなどは、電力会社のホームページで確認できる。テレビをつけっぱなしにしないことだ。

「大切なのは、いま、この場所でできることに集中する態度を親が示すこと」と多摩ガーデンクリニックの杉原桂・小児科院長。たとえば、「お母さんは地震で物が落ちてこないように片づけているのよ。お手伝いしてくれる？」と行動で見せる。

臨床心理士の本田恵子・早大教授も「繰り返し災害の映像を見続けると、フラッシュバックを強制的に起こすことになり、不安をあおる」と話す。特に小学3年生以下は、いま起こっていることと過去のことの区別がつけにくく、漠然とした不安感に襲われるという。子どもと一緒に節電や募金に取り組むことで、「自分も役に立っている」と力が出てくるという。

日本小児科医会の「子どもの心」対策部担当常任理事、内海裕美さんも「全国の人が被災地の体験を共有することは、決して悪いことではないが、幼い子どもにとっては有害でしかないことを知ってほしい」と話す。

日本小児科医会は「子どもの心のケアのために」と題した心的外傷後ストレス障害（PTSD）に関するリーフレットを作成している。主な内容を表にまとめた。ホームページ http://jpa.umin.jp/kokoro.html上でダウンロードできる。

大人も注意／力を蓄えて

映像の影響を受けるのは、子どもだけではない。発生後は週末で、一日中テレビにくぎ付けになった人が多かった。「大人にとっても、遠い外国のことではなく、ごく身近な地域の話。繰り返し映像を見ることで、被災者に感情移入して心にダメージを受けることがあります」と精神科医の香山リカさん。

元気が出なかったり、落ち込んだりするのは、当然の反応。時間が経てば落ち着いていく、ということを、まず知っておいてほしい、という。

「いま、何もできなくて情けない」と後ろめたく思う必要もない。「私たちが元気出さなきゃ」と、必要以上に前向きになるのも心配だという。「おいしい物、あったかい物を食べて、心身の健康を保つことが、むしろ大切。力を蓄えておくことも、貢献につながるんじゃないでしょうか。今回は、長丁場。いくらでも交代要員が必要になると思うので、出番は必ずまわってきます」

（朝日新聞，2011年3月20日朝刊）

**図２ 子どもの心のケアのために**

幼児や小学生が見せる主なサインは

- □赤ちゃん返りをする
- □親や保育士にまとわりつく
- □無口になる。または攻撃的になる
- □夜１人になることを怖がる
- □地震ごっこをする
- □それまで好きだったことをしなくなる

大人ができる支援は

- ○「大丈夫だよ」と言葉に出して伝える
- ○何度でも子どもの話に耳を傾ける
- ○睡眠や食事などの日常生活を今まで通り続ける
- ○地震ごっこをしても「やめなさい」と言わない
- ○刺激を避ける（ニュース番組は見せない，無理に思い出させない）

（日本小児科医会）

した日本小児科医会によるチェックリストである。

このように，現代社会では直接被害にあわなくても，メディアを通しての間接的な情報が，想像以上に強く人々の心身に影響を与えていることに注意をする必要がある（第７章参照）。とりわけ，子どもへの影響は計り知れないものがあることを，私たちは知っておくべきであろう。

## ❷ ストレス障害

いのちにかかわるような過酷な体験をしたり，そうした状況を目撃したりすると，そのことが頭を離れず精神的に大きなストレスを生じることがある。心に傷を負うような過酷な体験などの直後から一定の症状が起こった場合，それは急性ストレス障害（ASD：Acute Stress Disorder）と診断される（『DSM-4-TR』医学書院）。

その症状としては，現実感がなくなってぼうっとしたり，その原因となった時のことを思い出せなかったり，孤立感などに襲われたりする。ま

た，逆に繰り返しその時のことが思い出されたり，夢や錯覚などで一種の再体験をする。あるいは，そのことを思い出させるきっかけとなりそうなもの，例えば会話や活動，場所，人物などを避けようとする。さらには，睡眠障害や集中困難，過度の警戒心やちょっとしたできごとに過剰に驚くなど，普通とは異なった反応が見られたりする。

ASDの症状は，心に傷を負うような体験をした直後から始まり，数日から1か月ほど続くことがある（図3）。さらにその症状が1か月を過ぎても続いている場合に，外傷後ストレス障害（PTSD：Post-Traumatic Stress Disorder）と診断されることがある。

その症状としては，ASDとほぼ同様であるが，子どもの場合だと外傷体験の場面を再現するような遊び（たとえば"津波ごっこ"）を繰り返したりすることがあったり，内容のはっきりとしない恐ろしい夢を見たり，実際に外傷体験が再現されているように感じたり行動したりすることもある。

PTSDは，外傷体験ののち3か月以内に発症することが多く，時には数か月あるいは数年経過してから発症することもある。症状は少なくとも1か月以上続き，半数ほどは3か月以内に回復するが，1年以上続くことも

**図3　急性ストレス障害（ASD）**

> 1）死や重症を負うようなできごと，身体の危険を体験，目撃，直面した。
> 2）強い恐怖，無力感または戦慄を感じた。
> ・直後から始まり，2日間から4週間続く
> 　（4週間以上続く場合は，診断基準を満たせばPTSDと診断される）
> ・発症率：15～30％

**図4　外傷後ストレス障害（PTSD）**

> 1）死や重症を負うようなできごと，身体の危険を体験，目撃，直面した。
> 2）強い恐怖，無力感または戦慄を感じた。
> ・障害の持続は最低1か月以上
> 　（多くは3か月以内に始まる。数か月，数年経過してから発症することもある。約半数は3か月以内に回復するが，12か月以上続く場合もある。）
> ・発症率：30～50％以上

珍しくない深刻な障害である（**図4**）。

　PTSDは，もともとは1960年代のアメリカでベトナム戦争の帰還兵の問題として注目されるようになった。わが国では，1995年の阪神淡路大震災をきっかけとして知られるようになってきた。また，直接被害を受けた人々のPTSDだけでなく，救援に駆けつけた対人援助職（医師，看護師，臨床心理士，自衛官，消防官，警察官など）やボランティアの人々のPTSDも大きな問題となっている。

## 3 心身相関とストレス

　私たちは，人前に出て話をしなければならない時などに，ドキドキしたり，体が震えたり，手足が冷たく感じられたり，汗をかいたりすることがある。逆に，散歩をしたり，軽い運動をしたりすると気分が爽快になることがある。このように，心の働きと体の状態は，相互に関係し合い影響を与え合っている。このことを「心身相関」と呼んでいる。

　心身が相関していることから，健康に生きるためには，心と体の両面から良い状態を作り出していくことが大切であることがわかる。

　現代はストレス社会である，という言い方がされることがある。ストレスとは，そもそも身体的なものを指していた。カナダの生理学者セリエ（H. Selye）が1930年代に「体外から加えられた各種の有害作用に応じて，体内に生じた障害と防衛の反応の総和」と定義したのが最初である。その際に，体外から加えられた有害刺激のことを「ストレッサー」といい，その結果生じる体内のひずみを「ストレス」と呼んだのである。

　そのような経過から，ストレッサーとしては物理的，化学的な環境からの身体への刺激が主なものと考えられていたが，現在ではむしろそうしたものよりも，恐怖や不安，勉強や仕事あるいは人間関係などの，心理・社会的なストレッサーの方が深刻かつ一般的であるといえよう。そうしたストレスが原因で，心身症などの病的な症状が出ることもある。つまり，心理的なストレッサーによって身体的な症状が現れる状態である。

　ストレスが深刻で病気になることもあるのならば，ストレスのない社会，ストレッサーからの影響のない暮らしができればどれほどよいであろうか。

図5　健康に生きるとは？

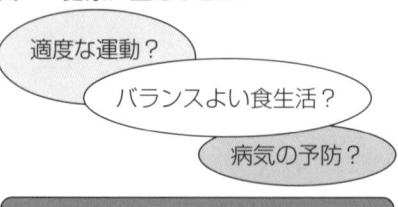

- 適度な運動？
- バランスよい食生活？
- 病気の予防？

**このような「体の健康」に加えて「心の健康」を保つことも大切**

図6　ストレスによる心身の障害

- ストレッサーが強力で適応力を超える場合
- ストレッサーが長時間持続し適応力を維持できなくなる場合
- ストレッサーに対する耐性が不足する場合
- 防御機構が脆弱な場合

しかしはたして，そうした社会や暮らしなど可能であろうか。

実は，ストレスには「良い」ストレスと「悪い」ストレスがあると考えることができる。言い方を変えれば，「必要な」ストレスと「不必要な」ストレスといっても良い。

たとえば，スポーツ選手がより運動能力を高めるために筋力トレーニングをしたり，走り込んだりすることを考えてみよう。あるいは，勉強の成績を上げるために，計算問題を解いて練習したり，英語の単語を覚えるために苦労することもある。これらの例は，身体や心にストレスをかけているともいえるのであって，いわば「必要な」ストレスの例であると考えられる。

## 4 ストレス対処

1〜3で見てきたように，ストレスは必ずしも私たちにとって害をなすものばかりではない。とすれば，ストレスの強さやその種類を見極め，うまく付き合うことが現代人にとって重要な生活術（ライフスキル）ともいえるかもしれない。

ストレスとどう付き合っていくか，つまりストレス対処（Stress Coping）の方法には大きく分けて五つの方法がある（図7）。

まず第一の方法は，原因への対処である。ストレッサーを克服したり回避することで，ストレスの原因そのものをなくす方法である。これが最も

確実で効果的な方法であるが，ストレッサーを回避することは現実にはなかなかできることではないかもしれない。人間関係がストレッサーになっているからといって，離れ小島で孤独な生活をするわけにはいかないし，テストがストレッサーだから

| 図7　ストレスへの対処 |
|---|
| 1．原因への対処 |
| 2．認知を変える |
| 3．気分転換やリラクセーション |
| 4．コミュニケーションの改善 |
| 5．専門家や専門機関の利用 |

といってその日に学校を休めば解決するわけではないからである。

　第二の方法は，認知を変える方法である。主観的であったり感情的，一面的にものごとをとらえている場合，それを客観的な見方や理性的・多面的にとらえ直してみるのである。すると，それまで見えなかったものごとのほかの面が見えてきて，印象が変わってきたり，悪いことばかりではなく良い面もあることに気づくこともある。

　第三の方法は，気分転換やリラクセーションによってストレスを発散する方法である。同じ状況に身を置いていると身動きが取れなくなってしまったり，考え方や行動パターンが固定化してしまうこともある。そんな時，少し普段と違った動きをしてみることで，体も心も軽くなりストレスが軽く感じられるようになることもある。普段から，自分なりの趣味やスポーツなどでの気分転換の方法を身に付けておくことは大切である。

　第四の方法は，コミュニケーションの改善によるストレスへの対処である。一人で考え込んだり，ものごとを抱え込んでいることで，それを重荷に感じたり，自分一人だけが苦しんでいるように思い込んだりしてしまうこともある。他者と信頼関係を築き，コミュニケーションを深め広めることで単純に気持ちが晴れたり，有効なアドバイスを得ることができたりすることもある。普段から良好なコミュニケーションの取れる他者との付き合いを持っていることがストレス状態を打開する糸口になることは少なくない。

　第五の方法は，専門家や専門機関の利用と活用である。心理的な困難に対しては心理カウンセラー（臨床心理士など）や心療内科・神経科・精神科などの医師を訪ねてみることも考えてよいだろう。心理カウンセラーは，

身近なところでは小・中・高等学校のカウンセリング室にもいるし，大学では学生相談室などで出会うことができる。また，保健所，市区町村役場，警察などで相談窓口を設けているところも少なくない。専門の医師は，開業している場合もあるし，総合病院・大学病院などの専門診療科で診察を受けることができる。

　ストレス対処には，このようにさまざまな方法があるが，要するにその時の自分に合った方法を見つけていくことが大切である。

　社会生活で生じるストレスには，さまざまなストレッサーが考えられる。ホームズ（Holmes, T.H.）というアメリカの研究者は，日常生活でのできごと（ライフイベント）についてストレッサーの強さを調査して，大き

**表1　ホームズのライフイベント**

| 生活上のできごと | ストレス度 | 生活上のできごと | ストレス度 |
|---|---|---|---|
| 配偶者の死亡 | 100 | 子どもが家を離れる | 29 |
| 離婚 | 73 | 親戚とのトラブル | 29 |
| 別居 | 65 | 特別な業績 | 28 |
| 留置所拘留 | 63 | 妻が仕事を始める，あるいは中止する | 26 |
| 親密な家族の死亡 | 63 | | |
| 自分の病気あるいは傷害 | 53 | 学校が始まる | 26 |
| 結婚 | 50 | 生活状況の変化 | 25 |
| 失業 | 47 | 習慣を改める | 24 |
| 夫婦の和解 | 45 | 上司とのトラブル | 23 |
| 退職 | 45 | 仕事上の条件が変わる | 20 |
| 家族の一員が健康を害する | 44 | 住居が変わること | 20 |
| 妊娠 | 40 | 学校が変わること | 20 |
| 性の問題 | 39 | レクリエーションの変化 | 19 |
| 家族に新しいメンバーが加わる | 39 | 教会活動の変化 | 19 |
| 新しい仕事への再適応 | 39 | 社会活動の変化 | 18 |
| 経済状態の変化 | 38 | 1万ドル以下の抵当か借金 | 17 |
| 親友の死亡 | 37 | 睡眠習慣の変化 | 16 |
| 異なった仕事への配置換え | 36 | 家族が団らんする回数の変化 | 15 |
| 配偶者との論争の回数の変化 | 35 | 食習慣の変化 | 15 |
| 1万ドル以上の抵当か借金 | 31 | 休暇 | 13 |
| 担保物件の受け戻し権喪失 | 30 | クリスマス | 12 |
| 仕事上の責任変化 | 29 | ちょっとした違反行為 | 11 |

1年間に体験した生活上の変化の評価の合計が150点以下なら，翌年に深刻な健康障害の起きる確率は30数パーセント，150点〜300点なら53パーセント，300点以上なら80パーセント以上である。

なものから順に並べた。配偶者の死が最も強く，それを100とすると，ほかのストレッサーが離婚73，留置所拘置63，結婚50，妊娠40，学校が始まる26などとなったという（**表1**）。

この研究が発表されたのは今から50年以上前のアメリカでのことなので，現代の日本でのストレッサーの順番は，これとは大きく異なったものとなっているであろう。しかしながら，ここから読み取れるのは，**何気ない日常のできごとが，思いのほか私たちの心身に対して大きなストレッサーになっているという事実である。**

わが国の大学生を対象とした調査研究もある[1]。その結果が，**表2**に示したものである。やはり当然のこととはいえ，同じストレッサーであってもストレスの強さは年齢などによって異なったものとなっていることがわかる。

表2　大学生を対象にした調査

| 順位 | ストレッサー | 男性の点数 | 女性の点数 |
|---|---|---|---|
| 1 | 配偶者の死 | 82 | 87 |
| 2 | 近親者の死 | 79 | 86 |
| 3 | 留年 | 78 | 81 |
| 4 | 親友の死 | 75 | 84 |
| 5 | 100万円以上のローン | 72 | 76 |
| 6 | 大学中退 | 70 | 73 |
| 7 | 大きなけがや病気 | 68 | 73 |
| 8 | 離婚 | 67 | 72 |
| 9 | 恋人（配偶者）との別離 | 67 | 72 |
| 10 | 自己，または相手の妊娠 | 66 | 73 |
| 11 | 大学入試 | 64 | 70 |
| 12 | 婚約解消または恋人関係の解消 | 63 | 69 |
| 13 | 就職試験・就職先訪問 | 61 | 69 |
| 14 | 不本意な入学 | 61 | 68 |
| 15 | 100万円以下のローン | 60 | 64 |
| 16 | 経済状態の大きな変化 | 59 | 64 |
| 17 | 友人関係の大きな変化 | 57 | 68 |
| 18 | 卒業論文（研究） | 58 | 64 |
| 19 | 家族の健康や行動の大きな変化 | 56 | 66 |
| 20 | 浪人 | 56 | 67 |

（白石純三，夏目誠，村田弘ほか「大学生におけるストレス評価法（第1報）」1988）

## 5 ストレスと成長

　過度のストレッサーにさらされ続けると，警告反応期・抵抗期などの緊張や不安の状態を過ぎて，やがて疲労困憊期に至り生命の危険さえある状態になる。過酷なストレスは，心身の健康に悪影響を及ぼし，回復不可能な状況にまで追い込まれる可能性さえある（図8）。

　しかし一方で，先にも触れたように適度なストレスは心身の鍛錬になり，そこからより強く適応的な状態へと進んでいく可能性もある。

　最近では，心理的なストレスに対して耐える力や，さらにそこから回復する力について大きな関心が集まり，研究も進められている。その一つの成果が，「レジリエンス（Resilience）」の概念で，日本語では精神的回復力と訳されており「困難で脅威的な状況にもかかわらず，うまく適応する過程，能力，および結果」と定義されている（小塩真司ら，2002）。

　同じ程度の強さのストレッサーにさらされても，ある人は過度なストレス反応を示し打ちのめされ，別のある人はそれに耐え，そこから立ち上がり以前より適応的になることさえある。そうした違いはどこにあるのか，つまりレジリエンスを支える要因は何かについて研究が進んでいる。それによれば，「肯定的な未来志向性」「感情の調整」「興味・関心の多様性」「忍耐力」などであるとされ，それらの強さを測る心理尺度も開発されている（図9）。

**図8　ストレスの段階**

```
1) 警告反応期・抵抗期
感　　情　　面：緊張，不安，イライラ
心身の状態：無症状，自律神経症状，
　　　　　　睡眠障害，神経症，心
　　　　　　身症
2) 疲労困憊期
感　　情　　面：抑うつ，無力感
心身の状態：睡眠障害，うつ病，心
　　　　　　身症（病状固定，増悪）
```

**図9　レジリエンスの定義**

```
Resilience：精神的回復力
「困難で脅威的な状況にもかかわらず，
うまく適応する過程，能力，および結果」

＜四つの要因＞
●肯定的な未来志向性
●感情の調節
●興味・感心の多様性
●忍耐力
```

**図10　PGTの定義**

> Post-Traumatic Growth：心的外傷後成長
> 「トラウマに遭遇した後に起こるポジティブな変化の現象」
>
> ＜四つの要因＞
> ●他者を信頼し，その関係が緊密になる　　●新たな可能性を信じるようになる
> ●人間としての強さを感じるようになる　　●人生に対する感謝の気持ちが強くなる

　さらに，過度なストレッサーにさらされPTSDを発症するような状況に直面しても，すべての人が病的な状態になるわけではない。事実，アメリカ精神医学会が作成した精神疾患の診断基準を示した『DSM-Ⅳ-TR』によればPTSDの発症率は30〜50％とされている。すなわち，PTSDを発症せずに，なんとか適応的に生活を続ける人もいれば，さらには以前にもまして成長を遂げる人もいる。そして，PTSDを発症しつつも，並行してそれを乗り越えようとしてもがき苦しみながら少しずつ回復し，さらには成長を遂げる人もいることが知られるようになってきた。

　そもそも，古今東西の物語や映画，演劇，絵画，音楽などの表現芸術のテーマは，そうした物語だったのではないだろうか。主人公が，過酷な運命に翻弄されつつも，それに耐え，やがてそれを乗り越え成長していく姿に，私たちは自らの生き方を重ね，共感し希望を見出してきたのかもしれない。

　ただ，そうした人間の生き様が，これまでは医学や心理学などの科学の研究対象になっていなかっただけなのである。そのことに注目して，データに基づいた現代科学の手法で調査研究を進め，そうした人間の心の働きをPTG（Post-Traumatic Growth；心的外傷後成長）として概念化する動きが1990年代のアメリカで始まっている。

　わが国でも，ようやく2000年以降研究が始まってきており，いくつかの成果が出始めている。PTGが生じていることを示す要素は，「他者を信頼し，その関係が緊密になる」「新たな可能性を信じるようになる」「人間としての強さを感じるようになる」「人生に対する感謝の気持ちが強くなる」などで示されるという（Calhounら，2006）（**図10**）。

# 6 ストレスとともに生きる

　現代社会には，やはりストレスはつきものなのかもしれない。だとすれば，ストレッサーとうまく向き合い，そこから生じるストレスに対処しつつ生活する術を身に付けることは，現代人の暮らしにとって欠かせないことなのかもしれない。

　過酷な競争と，スピードにさらされ，走り続けなければならない現代人にとっては，適度に休息を取ったり，自分を客観的に見つめ直すゆとりを持つことも必要であろう。

　近年，死因の第2位を占めている心臓病の危険因子（リスク・ファクター）として，タイプA性格のことが問題にされることがある。タイプA性格とは，高い目標指向と活動性を持ち，時間切迫感があり，攻撃的で精力的な会話スタイルを取るような行動パターンである。こうした性格傾向を持つ人は冠状動脈性心臓疾患になりやすいと言われている。

　しかしながら，現代人の暮らしにおいては，タイプA性格でなくても多かれ少なかれ，こうした行動パターンが要求され，人々はそうした要求に適応的に行動しているように見受けられる。

　自分のいのちを守り，今の時代を生きていくためには，常に自らの行動パターンを見直しながら上手にストレスと付き合っていくことが，現代人にとって欠かせないライフスキルだと言えるだろう。

---

＜参考文献＞
1）河野友信・吾郷晋浩編『ストレス診療ハンドブック　第2版』メディカル・サイエンス・インターナショナル，2003

## 第4章
## コミュニケーションって何？
### 他者と理解し合うために

言葉と同じくらいに
大切なものがある

# 1 コミュニケーションとは何か

"コミュニケーション"というと，どのようなことを思い浮かべるだろうか。「コミュニケーション能力」や「コミュニケーション不足」といった言葉から想像するのは，"誰かとうまく話すこと"ではないだろうか。しかし，"コミュニケーション"が指すものは"話すこと"だけなのだろうか。

私たちは日常の中で言語を用い，他者と話すことを通して意志の疎通を図っている。会話をしている二人の間のやりとりの中ではコミュニケーションの過程を経て，相手に伝わっている。

人は，自分の伝えたいことや考えていること，感じていることなどを相手に伝えるために，言葉や身振り手振り，表情などに変換し（記号化過程），その記号化された言葉を発音し（聴覚刺激に変換），動作（ジェスチャー）で示し，相手に伝達する（送信過程）。そうして送信された記号を相手が受信し（受信過程），記号の意味を解読する（解読過程）。このような過程の繰り返しによって，コミュニケーションが成り立っている（**図1**）。

こういった対人コミュニケーションは，大きくは言語表現と非言語表現に分けることができる。

言語表現とは「バーバル・コミュニケーション（Verbal Communication）」とも言われ，言葉を使ったコミュニケーションを指しており，"話すこと"，つまり話している内容やその意味のみを指している。

非言語表現とは「ノンバーバル・コミュニケーション（Non-Verbal Communication）」とも言われ，文字通り，言語表現ではない部分のコミュニケーションを指している。これにあてはまるものとしては，話し方や話す速度，アクセント，間の置き方，発話のタイミング，視線，ジェスチャー，姿勢，身体接触，表情，対人距離，着席位置，被服，化粧，アクセサリー，道路標識，家具，照明，湿度などと多様である。私たちはこのように，言語表現だけでなく，非言語表現を多く使いながら他者とのコミュニケーションを行っている。

アメリカの心理学者アルバート・メラビアンが1970年代初頭に述べた「メラビアンの法則」では，与えられた情報が曖昧な時，言語情報7％，

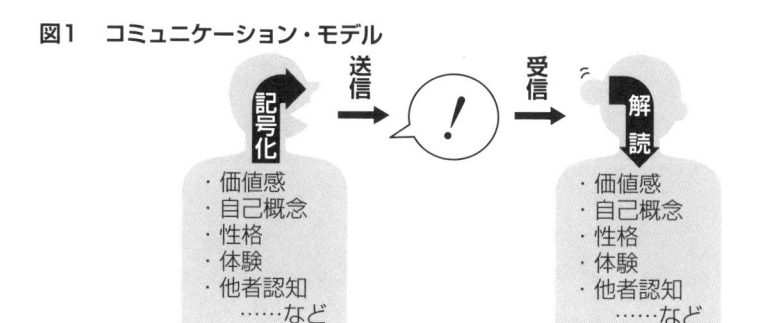

## 図1　コミュニケーション・モデル

送信者側：
- 価値感
- 自己概念
- 性格
- 体験
- 他者認知
　……など

受信者側：
- 価値感
- 自己概念
- 性格
- 体験
- 他者認知
　……など

○記号化過程
発信者が伝えたいこと（考えていること，感じていること）を受信者に伝達可能な言葉や身振り・表情などに変換する過程。

○送信過程
記号化された言葉を発音したり（聴覚刺激），動作（ジェスチャー）で示したりする過程。

○受信過程
送られてきた聴覚的・視覚的な刺激を受け取る過程。

○解読過程
受信した記号を受信者の過去の体験や自分の持つ概念と照らし合わせながら，送信者の伝えようとする意味内容を理解しようとする過程。

視覚情報55％，聴覚情報38％で判断しているとあった。ここからわかることは，コミュニケーションにおいて言語表現からの影響は7％でしかなく，93％が非言語表現によって影響を受けているということである。こうした9割以上の非言語表現は言語表現とともに表出することがほとんどであり，かつ多くの場合，何種類かの非言語表現を同時に発している。しかしこのような結果が出てもなお，私たちは言語表現のみに注目してしまってはいないだろうか。もともと人は，言語表現だけではなく非言語表現からも多くの情報を得る能力を持っているのだ。

「言葉は言の端」という言葉があるが，まさに言語表現が示していたのは人が発しているメッセージのほんの端っこだけなのである。

## ❷ 非言語表現"ノンバーバル・コミュニケーション"とは何か

先に述べたように，私たちが誰かとコミュニケーションを取っている時には，言語表現とともに非言語表現が生じており，情報量としては9割以上を占めている。この非言語表現の機能としては，言語表現の補完，矛盾，

**図2　非言語表現の六つの機能**

| 補完 | 矛盾 | 強調 |
|---|---|---|
| 言語メッセージの意味を強化し，明確化し，詳細化し，精緻化し，説明したりする。 | ダブルメッセージ。 | 強調，誇張，力説，目立たせたり，大事なことだと思わせたりする。 |

| 反復 | 調節 | 置換 |
|---|---|---|
| 言語メッセージの繰り返しや言い直し。 | 言語メッセージの流れを調節したり，管理したりする。 | 言語メッセージの代わりに送られる場合に起こる。 |

強調，反復，調節，置換と六つの機能が挙げられている（**図2**）。
　このような機能を持った非言語表現は，外見的特徴，ジェスチャーと動作，表情と視線行動，音声行動，空間，接触などに分けられる。

**1）外見的特徴**

　現在の外見的好ましさとはどのようなものだろうか。身体のスタイルも，肌の色も，髪型や色も，服装やアクセサリーも，その時その場所その時代でまったく価値観が異なっている。

　いつの時代でも私たちは相手からどう見えるか，どう見られているのか，何を着ていくか，相手にとって魅力的に見えるためにはどうしたらいいかといったことを悩みとして持っている。それだけ外見的特徴という非言語表現を使用し，そこから受けるメッセージを重要視していることの表れだともいえるだろう。

　ここで述べる外見的特徴とは，その人の持つ身体魅力だけでなく，衣服，アクセサリー，香り，髪形など，自分たちの身を飾るものすべてを含んでいる。身体魅力とは，その人の体自体のことを指しており，基本的には自分ではどうにもできない生まれ持っている身体の特徴である（近年は美容整形などにも抵抗が少なくなってきたように感じるが）。例えば，容貌や身長，肌の色などが多分に含まれている。身体魅力が高い人に魅力を感じ

**図3　衣服で変えるセルフ・プレゼンテーション**

てしまうのは残念ながら諸研究でも明らかだが，この身体魅力を補う外見的特徴は有効であり，これをうまく使うことで，相手に与える印象を操作することができる。このように，自分の見せたい自分を相手に演出することを，「セルフ・プレゼンテーション」と言う。

　セルフ・プレゼンテーションの中でも，衣服は私たちが最もコントロールしやすい外見的特徴である。衣服はその材質，色，テクスチャ，スタイルなどを用いて，その衣服を着ている者が何を考えているのか，誰なのか，他者との関係，価値観，態度，好み，目標，野心などを示している。例えば，制服を着ることで他者との違いを明確にし，役割を示していたり，勲章の一つ二つで階級を示したりする。演劇では，その役を表すような衣装を用いている（**図3**）。

　いずれも，私たちメッセージの受け手は，メッセージの送り手の外見的な特徴から，その人が言葉では発していない部分の情報を受け取っている。

## 2）ジェスチャーと動作

　あなたは自分の癖を知っているだろうか。緊張すると手遊びをする，考える時に髪をいじる，何か言おうとする前に唇をかむ，貧乏ゆすりをするなど，たくさんの癖があるが，自分でその癖に気がついていることは少ないだろう。多くの場合は他者からの指摘によって気がつく。それらの癖が示している意味，癖が生じる原因を探ってみるのもいいだろう。

　また相手のジェスチャーを意図的に真似ることで，コミュニケーションを促進させる効果に「ミラー効果」がある。このように，言葉だけでなく，手招きやうなずき，相槌，咳払い，そして私たちが日常的に行っている会釈なども，そのジェスチャー自体にメッセージを持っているものもある。

## 3）表情と視線行動

　日常的に会話をする時はどこを見て話しているだろうか。おそらく多くの人は「相手の目を見て話を聞く」であるとか，「それができないならば相手の顎，眉間，のど元，ネクタイを見るといい」などと言われたことがあるだろう。視線についての言葉はたくさんあり，方向（上目遣い，目をそらす，直視する，流し眼，目を落とす，目を配るなど），強弱（射るような視線，穏やかなまなざし，ぼんやりと焦点の合わない目，見据えるなど），相手との関係の反映（目が合う，白い目で見る，睨みつける，目をかけるなど）などが挙げられる。アイコンタクトで意志の疎通を図れる場合もあるだろう。視線によるコミュニケーションの多様さが伺える。

　ここで写真を見てみよう（**図4**）。写真に写っている女性の右と左では，印象は異なるだろうか。右側の女性の方が魅力的だと思う人が多いのではないだろうか。実は，右側の女性の目に注目すると，瞳孔が大きくなっていることがわかる。人の目は，関心があるものや，たくさんの情報を得たいと思うものを見る時，瞳孔が開く。つまり，好意を持って見る時は瞳孔が開いているのである。このことを受け手である私たちも感じとり，自分も相手に対して好意的に感じるという「好意の返報性」が発生している。

　そして，非言語表現の中でも，特に感情を表しているのが表情である。エクマンの表情分析によると，国が違っていてもおおよそ表情から読み取れる感情が一致していることが挙げられている（**図5**）。

## 図4 魅力的に感じる女性はどちらか

(Hess, 1971より)

## 図5 エクマンの表情判断の調査

A　B　C　D　E　F

5つの文化において，写真A～Fの表情を表に分類された情緒の表れであるとした人の比率（％）

| 写真<br>情緒分類 | A<br>幸福 | B<br>嫌悪 | C<br>驚き | D<br>悲しみ | E<br>怒り | F<br>恐れ |
|---|---|---|---|---|---|---|
| アメリカ | 97 | 92 | 95 | 84 | 67 | 85 |
| ブラジル | 95 | 97 | 87 | 59 | 90 | 67 |
| チリ | 95 | 92 | 93 | 88 | 94 | 68 |
| アルゼンチン | 98 | 92 | 95 | 78 | 90 | 54 |
| 日本 | 100 | 90 | 100 | 62 | 90 | 66 |

(Ekman, 1973より)

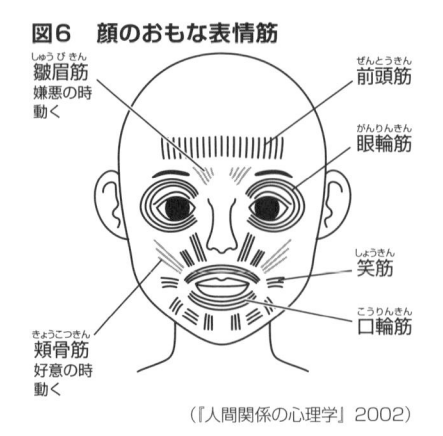

図6 顔のおもな表情筋
皺眉筋（しゅうびきん） 嫌悪の時動く
前頭筋（ぜんとうきん）
眼輪筋（がんりんきん）
笑筋（しょうきん）
口輪筋（こうりんきん）
頬骨筋（きょうこつきん） 好意の時動く

（『人間関係の心理学』2002）

また，心理学者カシオッポによると，表情筋の中でも，嫌悪感情の時は皺眉筋（しゅうびきん）が，好意感情の時は頬骨筋（きょうこつきん）が活発になるとしている（**図6**）。

### 4）音声行動

音声行動とは，声の高低や，声の平板さ明瞭さといった話し方，話す速度，間の取り方，アクセントや方言などのことを指している。こういった音声行動（話し方）とステレオタイプ的な性格傾向との関連や，学習における話速の影響などについても広く研究されており，このうち，話す速度について注目すると，話速の増加は話し手の有能さや信頼性の向上に関係あるが，度を越した早口は信頼性の低下につながるという結果もある。

### 5）空間

私たちは自分の体から発するメッセージだけでなく，どこに身を置くのか，どのような間合いを取るのかといったことでもメッセージを発している。「京都鴨川沿いの土手には，等間隔にカップルたちが座っている」というのは有名な風景である（ちなみに，関東では新宿のサザンテラス・スターバックス前でも同様の光景が見られる）。さらに例を挙げれば，あなたはエレベータに乗る時，ふと黙って上を見上げたり，電車で座席に座る時は，隣の人と一つ席を空けて座ったりしていないだろうか（**図7**）。

人も動物であり，動物と同じように自分の縄張り，テリトリーを持っている。こうした人の空間の使い方によるコミュニケーションの研究は，「プロクセミックス（近接学）」と呼ばれている。

まず個人の持つ縄張りについては，およそ前方と左右が1.5メートル，後方1メートルの楕円形が個人の縄張りであると言われている（**図8**）。この縄張りのことをパーソナルスペースと呼ぶ。キンゼルが行ったパーソナルスペースに関する調査によれば，暴力的な人物はこのパーソナルス

**図7 エレベーター乗員人数によって変わる人の立ち位置**

2人　3人　4人
5人　6人　7人

**図8 パーソナルスペース**

（田中, 1973）

**図9 四つの対人距離ゾーン**

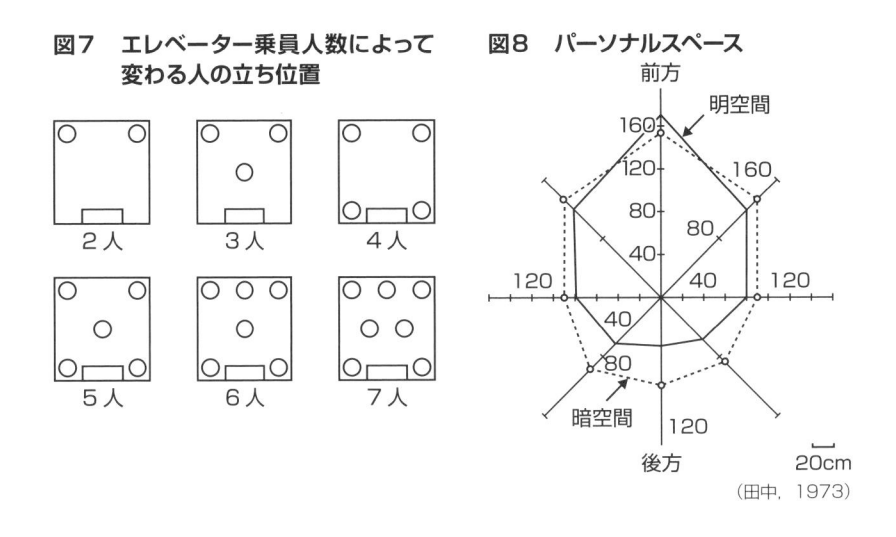

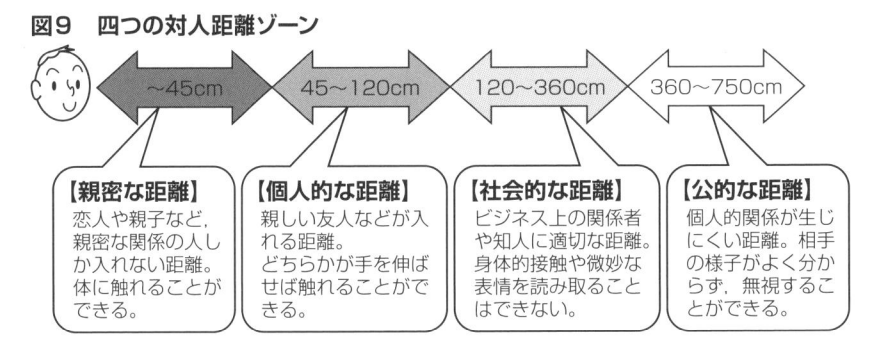

~45cm　45~120cm　120~360cm　360~750cm

【親密な距離】
恋人や親子など，親密な関係の人しか入れない距離。体に触れることができる。

【個人的な距離】
親しい友人などが入れる距離。どちらかが手を伸ばせば触れることができる。

【社会的な距離】
ビジネス上の関係者や知人に適切な距離。身体的接触や微妙な表情を読み取ることはできない。

【公的な距離】
個人的関係が生じにくい距離。相手の様子がよく分からず，無視することができる。

ペースが人よりも広く，かつ，円形に広がっていることがわかっている。また，暗空間でのスペースは明空間よりも少し広がることもわかっている。

　また，プロクセミックスの名付け親で，この分野の代表的な研究者であるアメリカの文化人類学者エドワード・ホールは，相手との関係性がその人との物理的な距離を示しているとし，四つの対人距離ゾーンを示した（**図9**）。

　このパーソナルスペースを侵害されると，私たちはストレスを感じるのである。例えば，朝の満員電車を想像してほしい。関係性の深い人物で，親密な距離を取っても平気な人物ならいざ知らず，本来公的な距離を取り

たい見ず知らずの人物が顔もくっつきそうな距離にいる。これは自分のパーソナルスペースが侵害されている状態である。私たちにとってこの状態は非常にストレスであり，すぐにでも望ましい距離を保つか，"下車したい"と思う。

しかし，満員電車の中ではお互いのパーソナルスペースを保つことが難しいし，この電車に乗らなければ学校や仕事に遅れてしまうので，乗るしかない。そこで，このストレス状態を少しでも緩和させるために，相手を認知しないようにするのである。例えば本を読んで気を紛らわせたり，ミュージックプレーヤーで外界の音をシャットアウトしたり，目を閉じて眠ってしまうということをして他者が見えないようにしたりする。このようにして，人を人として認知するのではなく，モノ化することで自分の縄張りを侵害されているというストレスを緩和しようと試行錯誤している。

そのほかにも，人の空間の使い方に座席法というものがあり，状況や目的によって座る位置を変えたり，座っている位置から関係性を見たりすることができる。このような空間の使い方や意味付けは，文化や性別によって異なる。例えば，われわれ日本人には，上座や下座の考え方（**図10**），妻は夫から半歩下がる習慣などがある。日本文化は，何もない空間に意味

**図10　日本における「上座」と「下座」**

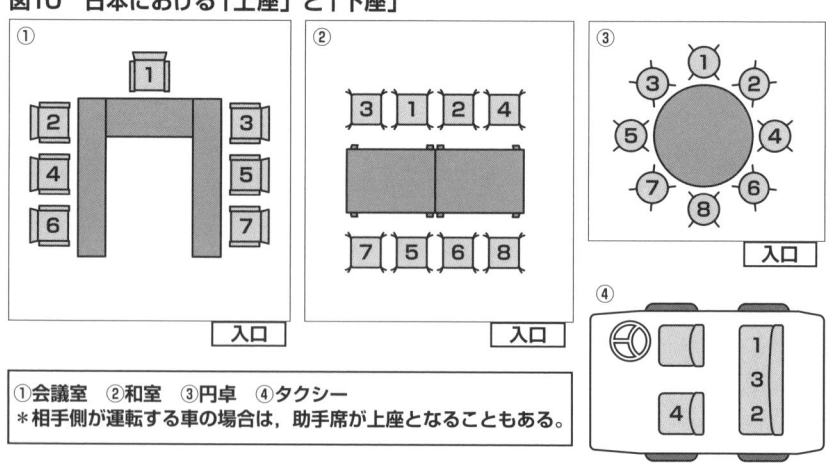

①会議室　②和室　③円卓　④タクシー
＊相手側が運転する車の場合は，助手席が上座となることもある。

第 4 章 コミュニケーションって何？＜他者と理解し合うために＞

を付ける傾向を持つ文化であるともいえるだろう。

## 6）接触

　コミュニケーションにおける接触行動としては，握手をしたり，肩を抱いたり，手を繋いだり，頭をなでたり，軽く肩をたたくなどが挙げられる。この接触というコミュニケーションを考える時，思い浮かぶのは赤ん坊ではないだろうか。赤ん坊にとって，なでたり，舐めたり，握ったりすることはとても大切なコミュニケーションである。愛着研究（人が他者との間で親密な関係を求めようとする行動に注目する研究）の中からも，親からなでられることの大切さが述べられており，アメリカの心理学者ハーローによる赤ちゃんサルを用いて行われた実験からは，触覚から得られる快適さが授乳よりも大事であることが示唆されている。

　さらに言えば，私たちは常に自分で自分に接触している。例えば，緊張している時，自分の手や腕，頭，髪，足など，自分の体のどこかを触っていないだろうか。この行動を自己接触行動と呼ぶが，自分に触ることで安心感を得，ストレスを緩和しているとされる。

　こうした接触行動についても文化差が有り，その文化によって，接触行動の持つ意味は異なることがバーンランドによる調査によって明らかになっている（**図11**）。文化や性差による違いはあれど，接触行動によって安心感や，思いやり，親愛，心配や不安などの多くの感情を感じ取ることができる。

### 図11　バーンランドの対人身体的接触度の日米比較

バーンランドは，次のような人型を日本とアメリカの学生にみせ，14 歳以後，父親，母親，同性の友人，異性の友人から，図の身体各部位に触れられたことがあるかどうかを質問した。

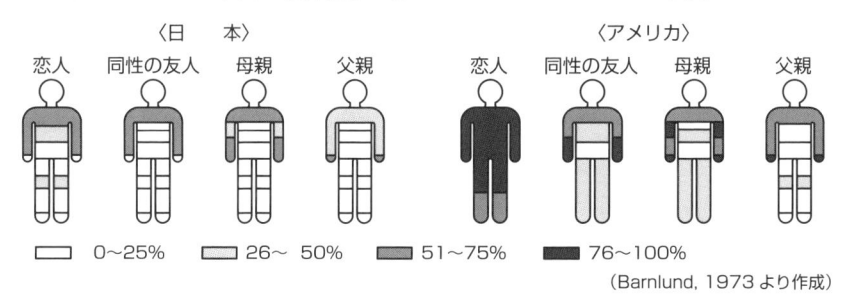

〈日本〉　恋人　同性の友人　母親　父親　　〈アメリカ〉　恋人　同性の友人　母親　父親

☐ 0〜25%　　☐ 26〜50%　　■ 51〜75%　　■ 76〜100%

（Barnlund, 1973 より作成）

私たちは日々のコミュニケーションの中で，なんとか言語表現で自分の考えや気持ちを相手に伝えようとしているが，それらは言語表現だけでなく，非言語表現にも多く現れている。

　例えば，Ａさんが B さんに謝った時，B さんは言葉では「もういいよ，怒ってないよ。大丈夫。」と言っていても，表情が硬く，視線を合わせず，腕を組み，足は早く立ち去りたそうにしていて，体がこちらを向いていないとする。こういった状況から，Ａさんは「ああ，B さんは"怒ってない"と言ってはいるけれど，本当は怒っている。言っていることと思っていることが違うな。」と感じ取ることができるだろう。このように，一つのメッセージの中に，言語表現と非言語表現が矛盾して存在している状態のことを「ダブルメッセージ」と言う。

　ここまで述べてきた非言語表現の多くは，12歳ごろまでに大人の非言語表現から学習し，言語表現と非言語表現が対立している状態（ダブルメッセージの発生）では，非言語表現が本音であると受け入れるようになる。人は，言語表現で不明瞭な部分を非言語表現に注目することで，より相手の本音の部分にアプローチしていくことができるとも考えられるだろう。

　メールやインターネットの発達により，相手の顔が見えない状況が多くなった。日常の中で，メールやブログを見て相手の気持ちや文章の意図がわからないということがないだろうか。この，文面からは"わからない"部分が，非言語表現で補っていた部分である。実際に相手の顔，声，身体，呼吸，その時その場の雰囲気など，相手の持つ非言語表現を読むことが，相手の気持ちや考えを読み解く手段となる。

　そうした読み取りができない電子機器による情報発信では，言語表現に気をつけたい。例えば，ツイッターで気軽につぶやいた独り言は，独り言ではない。全世界に発信し，誰でもが読めるつぶやきである。また，他人の身体的特徴をからかうような発言や，未成年の飲酒・喫煙についての発言は，ひとたび発見されると，不特定多数が非難し，収拾がつかなくなることが多い（第7章参照）。これは SNS や個人ブログなどでも同じである。メールでも，送受信者が現実世界の友人であっても，読み取り時に非言語表現を補ってくれるわけではないことに注意したい。

## 3 言語表現"バーバル・コミュニケーション"とは何か

　言語によるコミュニケーションをバーバル（言語的）・コミュニケーションという。バーバル・コミュニケーションは，会話の内容や文字，印刷物などを指す。バーバル・コミュニケーションの目的としては，報告や伝達，他者との関係性を構築することを狙っており，具体的に自分の意見や考えを伝えることで，今の状態から相手を変化させることをうながしている。つまりは態度変容を起こすきっかけを作っていることになる。

　例えば，友人や家族と話をする場面をイメージすると，政治問題や経済問題，思想的な問題など自分の考えや気持ちを相手に知ってほしい時，もっと身近なものでいえば，異性のタイプや食べ物の好み，昨日何が起きてどう感じたのか，これからの予定をどうしようと思っているのかなどが思い浮かぶ。これらを話し合うのは，単なる意見交換ではなく，実は相手の態度変容を試みているのである。

　このような他者への言葉による働きかけのことを「説得」といい，説得のためのコミュニケーションを説得的コミュニケーションという。近年，映画などで話題になったネゴシエーション（交渉術）の中の一つである。説得は信憑性に大きく影響されており，信憑性とは，専門性（正しい知識，正しい態度，報酬と結び付いている経験をたくさん持っていること）と信頼性から成っている。人は，説得者の信憑性が高いほど説得されやすいという特徴がある。

　また，ハイダーのバランス理論というものがある（**図12**）。これはP-O-Xモデルや認知的バランス理論とも呼ばれ，P：知覚者，O：他者，X：ある対象・意見との三者関係を示したものである。このP-O-Xの三者間の関係の符号（＋，－）の積が正（＋）であれば均衡が取れている状態であり，負（－）であれば不均衡状態であるとした。この不均衡状態の時は，三者関係のどこかの符号を変えて，均衡状態へ移行しようとする。

　例えば図12-②のインバランスの状態のa'の状態を考えてみよう。PとOの関係が「＋」であるので，仲の良い友人のような関係である。Pはあ

**図12　ハイダーのバランス理論**

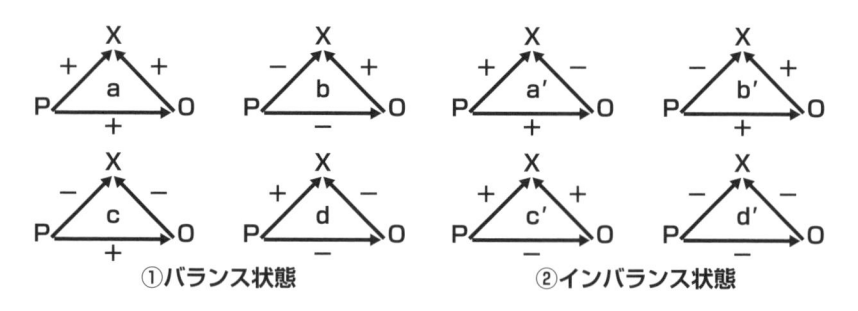

```
    X              X              X              X
  +╱ ╲+         -╱ ╲+          +╱ ╲+          -╱ ╲-
  P─→─O         P─→─O          P─→─O          P─→─O
    +             -              +              +
    a             b             a'             b'

    X              X              X              X
  -╱ ╲-         +╱ ╲-          +╱ ╲+          -╱ ╲-
  P─→─O         P─→─O          P─→─O          P─→─O
    +             -              -              -
    c             d             c'             d'
```

　　　①バランス状態　　　　　　　②インバランス状態

る事柄Xに関心を持っている（＋）が，OはXに関心がない（－）という状態である。すると，「＋」×「＋」×「－」なので，全体が「－」になってしまう。そこでバランス理論によって，PがXを嫌いになる（－）か，OがXを好きになる（＋）のどちらか，つまり図12-①のaかbに移行するように力が働くというのである。

　もちろん，説得に失敗する場合もある。私たちは自分の好きな時に自分の好きなことを好きなように好きなやり方でできるというような「自由」があるという思い込みがある。しかし，何らかの原因によってこの「自由」が制限されたり禁止されたりすると，心理的反発感情が発生する。この反発した感情をリアクタンスという。

　説得の結果，相手の考えや態度に変化が生じることを態度変容という。この態度変容は他者からの説得によって生じるだけではない。例えば，あなたが本心とは異なることを言った場合，自分自身でその発言にとらわれて，それまで本心だと思っていた考えや態度を変えてしまうことがある。このことを認知的不協和と呼ぶ。

　ここまで述べてきたいろいろな効果を起こすテクニックとして，メジャーな説得の技法をいくつか紹介する。

●フット・イン・ザ・ドア・テクニック（段階的要請法）
　最初に簡単な依頼をして承諾を得，次に難易度の高い依頼をするという交渉術。初めにOKを出してしまうと，次にはNOと言いにくくなってし

まう心理を突いたもの。
●ドア・イン・ザ・フェイス・テクニック（門前払い法）
　譲歩的要請法ともいう。拒否されることを最初から想定し，過大な要請をする。拒否をさせてから，本当の要請を交渉する。相手は一度拒否していることから，次も断ってはかわいそうだという罪悪感を覚えてしまう。このことからの効果を狙ったもの。
●イーブン・ア・ペニー・テクニック
　E・A・P・T法。「寄付を下さい」より「一円でもいいので寄付を下さい」と，誰でもクリアできるようなハードルを提示した方が，相手が承諾しやすくなる。段階的に下げなくてもよいという点でフットインザドアよりも簡単。より多くの人から了解を得たい時に有効な手段だが，募金などだと結果的に少ない金額になってしまうこともある。
●ザッツ・ノット・オール・テクニック
　おまけをつける。「今なら○○もついてくる！さらに△も！」
●情報の両面提示と片面提示
　相手の「賢さ」に応じて情報提示のしかたを変える。メリットとデメリットの両方を提示する両面提示。メリットだけを提示する片面提示。

## 4 より良いコミュニケーションとは何か

　最近とても良い話を聞いた。引用させていただく。
　「コミュニケーションは常に人々の大きな関心事だが，最近はそのコミュニケーションの相手が，近しい関係の人との間のみに限られているような気がしてならない。しかし，本来的にコミュニケーションとは，近しい誰かとのより深いコミュニケーションが取れるかどうかということだけでなく，初対面の人や親密な関係でない人物，そして自分が苦手とする人物との間で，お互いがどれだけ気持ちの良い関係でいられるか，または良い関係を築いていけるかという，つまりは"どんな人とでもうまく付き合える"ということがコミュニケーション能力というものなのではないだろうか」。
　どんな人ともコミュニケーションを取ることははたして難しいことなの

だろうか。問題だと感じる状況や場面には必ず遭遇するだろう。しかし，そこで相手とうまく話そう，良い関係を作りたい，相手に良く思われたいと思いながら試行錯誤してゆく過程もコミュニケーションである。

コミュニケーション能力が高い人などはじめからいるわけではない。ここまで述べてきたように，コミュニケーションといっても言語・非言語表現と多様な手段を用いてメッセージを発している。つまりは，その人独自の方法があるわけで，誰かのコミュニケーション方法をそのまま鵜呑みにして使用しても必ず成功するとは限らない。自分で考え，実践してみて，他者の様子から学び，思考錯誤を重ねて，自分なりの解答を見つけていくのではないだろうか。

失敗することを恐れて，コミュニケーションの機会を自ら断ってしまうのは，自分自身にとってとても"モッタイナイ"。本章を通して，自分の癖や価値観，先入観など，自分の非言語活動にはどのようなことが影響しているのかを知り，自分の中にあるフィルターに気づいて欲しい。

フィルターを外して，いろいろな人やものごとと向き合うことが，コミュニケーションの中でも最も重要で必要なことなのではないだろうか。

----

<参考文献>
1) V.P. リッチモンド，J.C. マクロスキー著／山下耕二訳『非言語行動の心理学』北大路書房，2006
2) 瀬尾直久監修『図解雑学 身近な心理学』ナツメ社，2002
3) 井上隆二，山下富美代著『図解雑学 社会心理学』ナツメ社，2000
4) 齊藤勇著『図解雑学 人間関係の心理学』ナツメ社，2002
5) 山岸俊男監修『徹底図解 社会心理学』新星出版社，2011
6) 中島義明ほか編『心理学辞典』有斐閣，1999
7) 南山短期大学人間関係科監修『人間関係トレーニング―私を育てる教育への人間学的アプローチ』ナカニシヤ出版，2005
8) E. ホール著／日高敏隆，佐藤信行訳『かくれた次元』みすず書房，2000
9) 大坊郁夫著『しぐさのコミュニケーション―人は親しみをどう伝えあうか―』サイエンス社，1999
10) R. ソマー著／穐山貞登訳『人間の空間―デザインの行動的研究―』鹿島出版会，1972
11) 『対人社会心理学重要研究集 1～7』城信書房，1987～1999
12) R. ギフォード著／羽生和紀ほか訳『環境心理学（上）―原理と実践―』北大路書房，2005
13) イーフー・トゥアン著／山本浩訳『空間の経験―身体から都市へ』ちくま学芸文庫，1993
14) 佐古順彦，小西啓史編『環境心理学』朝倉書店，2007
15) 羽生和紀著『環境心理学―人間と環境の調和のために』サイエンス社，2008
16) 南博文著『環境心理学の新しいかたち』誠信書房，2006

# 第5章
# 自分の意見・他人の意見って?
### 集団の中の自分

私たちは
互いに影響し合いながら
考える

# 1 人間は社会の中で，社会を作って生きている

「人間は社会的な動物である。」これはアリストテレスの言葉である。
　この言葉の通り，私たちは社会を形成し，社会の中に入り，社会と個人との双方向的な支えがあることで生活できている。
　社会の中で過ごすということはつまり「人の集まり」の中で生きていかなければならないということである。マズローの欲求五段階説（10ページ）でも言われているように，私たちはこうした人の集まりへの所属欲求があり，所属することで安心感を得ている。また反対に，所属欲求が満たされないことで深く悩むこともある。さらに，人の集まりに所属しなければならないからこそ思い悩むこともある。
　このように，私たちは社会の中のさまざまな「人の集まり」の中で生き，良くも悪くも多様な影響を受けている。

# 2 「人の集まり」の違いって？
　　―集団，群集，大衆，公衆―

「人の集まり」を指す言葉には，集団，群集，大衆，公衆などがあるが，それぞれの意味は，実は大きく異なる。
　「集団」とは，共通の目標や目的を持っている人の集まりのことを指している。その集団に所属している人たちとそれ以外の人たちとを区別でき，その集団に所属している人たちは，自分がその集団に属していることを自覚している。例えば，学校やクラス，スポーツチームなどがあてはまる。
　次に「群集」とは，ただ偶然，一時的に同じ場所に居合わせた不特定多数の人の集まりのことを言う。例えば，信号待ちをしている人たちや，野次馬，映画館で同じ映画を見ている人たちや，スポーツ観戦をしている人たちなどのことを指す。群衆は大別して「モッブ（mob）」と「聴衆（audience）」に分けられ，さらに事故や災害などの予測不能な緊急事態の発生によってできる「突発的群集」，ある特定のものに魅力を感じる人々がその場に一斉に集まってできる「偶発的群集」，共通の目的を持つ人々が定期的に一定の場所に集まってできる「定期的群集」の三形態に分

類される。

「大衆 (mass)」とは、互いに異質な属性を持つ匿名の多数者からなる未組織の集合体を指しており、群集は、空間的に近接し、群集心理に支配され、集合行動を起こすが、大衆は散在しながらマスメディアに媒介されて集合体を形成するとされる[1]。つまり、自分の考えを持たない複数の人々のことを指しており、彼らはマスコミなどからの扇動の受け手であるという特徴を持っている。大衆は消費者であり、マスコミに操作されやすいとされる。

「公衆」は世論の元に精神的に集合している群集と定義されている[1]。つまり、公共的なものに関心を持ち、かつ、その公共的なものに対して自分の意見を持っている人たちのことである。公衆は世論の担い手とされる。

以上のような違いを基に、本章では大きく「集団」と「群衆」に注目していく。

## 3 集団の形成と集団からの影響

集団であるためには、メンバーがお互いに影響を受け合うということ、メンバーの関係が一定期間継続すること、メンバーは共通の目的を持っていること、メンバー間の地位や役割が明確であること、メンバーが集団に属していることを自覚していることなどの条件がある。その条件がそろった上で、計画的形成や外部的規定による形成、そして自発的形成の三種の形成手段によって集団が形成されていく。私たちは意図的か意図的でないかは別として、こうした集団に所属している（**図1**）。

図1　三つの集団

①**計画的形成によって作られる集団（フォーマルグループ）**
ある目的を達成するために意図的に作られる

②**外部的規定によって作られる集団**
周囲の人々に同じ一団として扱われるうちに集団になる

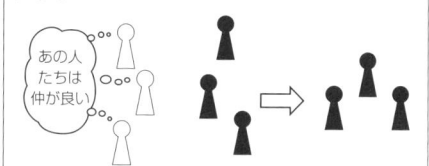

③**自発的形成によって作られる集団（インフォーマルグループ）**
一緒にいることで満足感が得られることを期待して集団になる

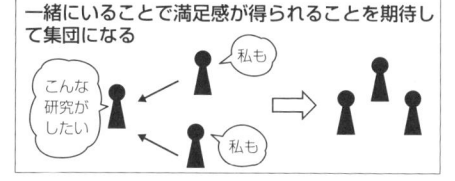

集団の中で過ごしていると，暗黙の了解やその集団独自のルールやマナーというものが存在していることがわかってくる。こうした集団を構成しているメンバーたちによって作られた基準を「集団規範」という。集団規範は明文化されているものもあるが，暗黙の了解として承認されているものが少なくない。例えば，後輩は先輩の言うことに従うとか，家族はそろって食事を取らなければならないなど，私たちは知らず知らずのうちに集団規範によって規制されている。

　こうした集団規範の効果の一つとして，「集団凝集性」というものがある。これは，メンバーをその集団に引き付け留まらせようとする力や，集団の持つ魅力を指している。集団凝集性は，メンバーたちがお互いに仲良くなることで生じる集団の魅力としての「対人凝集性」と，その集団に所属することで自分にとってメリットを得ることができるといった集団の魅力としての「課題達成的凝集性」の二つの性質から成り立つ。この集団凝集性が高いほど，その集団の出す成果は優れていると考えられているが，対人凝集性が高すぎると慣れ合いになってしまい，かえって良い成果（試合で勝つとか，目標を達成するといったようなこと）を出せなくなってしまうという場合がある。

　さて，この"集団に所属する"ということを思い浮かべた時，"多数決の原理"を思い出すのではないだろうか。これは「集団極性化」と言って，集団討議が起こった場合，利益も危険もより大きな決定に傾く（リスキーシフト）か，より安全で保守的な決定に傾いてしまう（コーシャスシフト）現象のことを言う。そして，いつしか，直面している問題のより良い解決策を探るのではなく，集団メンバーの全員一致が目的となってしまう。これを「集団思考」と呼ぶ（**事例1**）。

　集団思考のように，集団に属することや他者の存在が個人へ影響を与えるものに，「社会的促進効果」と「社会的手抜き」がある。「社会的促進効果」とは，他者の存在によって作業量が増加するというものである。逆に，他者の存在によって注意が散漫したり（注意のコンフリクト），評価を懸念したり（評価懸念），落ち着かなかったり（生理的喚起）することで，結果的に作業量が低下する場合もあり，これを「社会的手抜き」と呼ぶ。

第5章 自分の意見・他人の意見って？＜集団の中の自分＞

　こうした集団内での生産性に注目して1924～1932年にかけて大規模な調査が行われたのが，アメリカの通信機器メーカー，ウェスタン・レトリック社のホーソン工場である。いくつかの実験からわかったことは，集団の生産性は物理的環境や労働環境ではなく，集団の中の人間関係に最も影響されているということであった。

　集団といえば，何かを決める時は多数決がよく用いられる。**「同じ意見の人が大勢いるから」という理由で自分の意見や行動を変化させた経験は誰にでもあるのではないだろうか。**これは，みんなが同じ解答になるべきであるという「斉一性」のために，集団の内で同じ行動を取ってしまうことを指す。こうした斉一性について，アメリカの心理学者アッシュが実験を行った。1人で解答した場合は正答率ほぼ100％の一目瞭然の問題に対し，7人中6人がサクラという複数状態で解答した場合，6人がそろって嘘の答えを言うと，残りの1人が嘘の答えに同調する場合が多く，正答率が極端に低下するという結果が出た（**図2**）。

### 事例1　チャレンジャー号爆発事件―リスキーシフトが起こった事例―

　1986年1月28日，NASAはスペースシャトル・チャレンジャー号を打ち上げた。スペースシャトルの個体ロケット推進器を作った会社のエンジニア達は，低温での発射は推進器の一部が破壊され，悲劇的な爆発が生じるだろうとNASAに事前に警告していた。打ち上げ当日朝の発射台の気温は，氷点下であった。
　しかしNASAの高官達は発射を延期したくなかった。というのも，このフライトはニューハンプシャー州の高校教員である"一般市民"が宇宙飛行士と一緒に宇宙に飛び立つ最初の試みであり，これを計画通りに行うことのほうが重要視されていたからである。
　発射の決定がなされた。発射73秒後，チャレンジャー号は爆発し，乗組員7人全員が死亡した。この事件は「集団思考」が招いた悲劇である。

### 図2　アッシュの実験

　大学生を7人のグループに分け，線分Aと同じ長さのものを①～③の3本の中から1本選ばせるという問題。
　正答は③だが，他人の解答に左右される結果が出た。

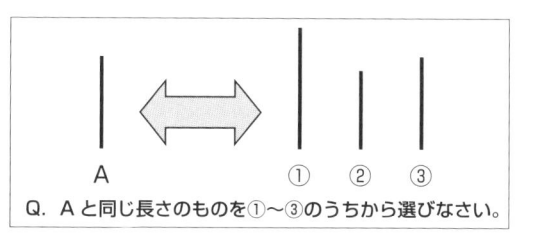

Q．Aと同じ長さのものを①～③のうちから選びなさい。

これは，個人が，集団や他者が設定する標準や期待に沿って，その集団や他者と同一ないし類似の行動を取ることを示している。これを「同調行動」という。こうした同調行動は身近に存在する。例えば火事のニュースで，犠牲者が全員同じ方向を向いて倒れていたとか，同じ出口に殺到し煙に巻かれたなどといった報道がなされることがある。これらは，ある一人が走り出した方向が正しい逃げ道であると考える同調行動が発生してしまったと考えることができる。逆に，誰も動かなかったから逃げなかったという例も，同調行動によるものである。

## 4 群集心理とは何か？

　では次に，群集とは何なのだろうか。群集は大別して「モブ（mob）」と「聴衆（audience）」とに分けられることは先に述べた。

　モブは，危機的場面における群衆を指し，能動的で活動的，凶暴性非合理性を示し不分別で，どんな情報でも軽々しく信じがちであるという特徴を持っている。そのため，乱衆や暴衆とも呼ばれる。例えば，フーリガンや攻撃行動を取っているデモ隊などを指す。

　一方聴衆は，信号待ちの人たちや野次馬，映画やスポーツを見ている人たちが当てはまる。聴衆はモブとは異なり，受動的で，人々の注意が一定の対象に向かっており，そこに集まっている人々の間で抗争がなく，攻撃行動や防御行動に出る必要がないことが特徴である。

　サッカーの試合で暴徒化するフーリガンの例で考えてみると，彼らはもとは聴衆（スポーツ観戦をしていた人々）であるが，何かのきっかけから乱衆へと変化することがある。このきっかけを与える人物やできごとをアジテーターと呼ぶ（**図3**）。群衆は集団のように，「人の集まり」を構成している人々の間に役割がないため，義務感や責任感に縛られることもなく（無責任性），自分が何者かも特定される心配もない（無名性／匿名性）という，個人の時とは異なった精神状態が発生する。

　また，群集と集団に共通するものとして，自分という「個」が所属集団や群集に埋没してしまい，まるで自分という個人が感じられなくなってしまう「没個性化」があるが，この没個性化が発生してしまうと，やはり罪

の意識や恥といった感情から抑制されている行動，つまり，暴力的，攻撃的な行動や，反社会的な行動が起きやすくなってしまう。

　この没個性化に関する実験として非常に有名なものが「ジンバルドーの模擬監獄実験」である（**図4**）。人は**「何をしても自分がやったとはわからない。それならば自分が責任に問われることもないのだから，何をしても構わないだろう」**という心理が働いてしまうと，一人でいる時には発生しない行動も発露してしまうということが明らかになった実験である。

**図3　聴衆とモッブの違い**

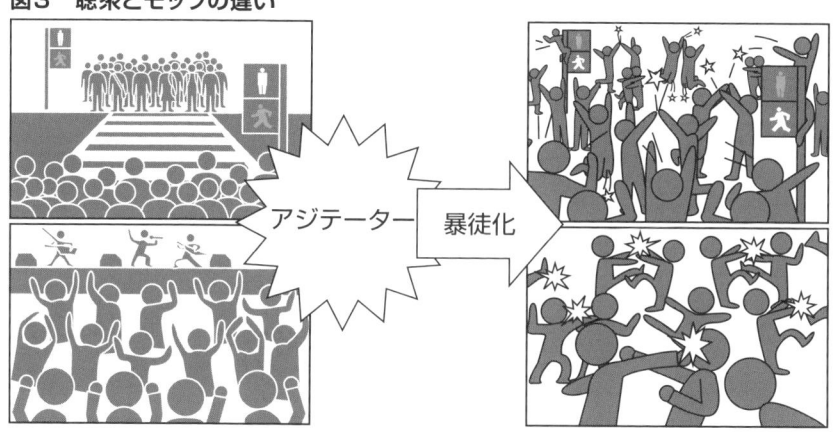

**図4　ジンバルドーの模擬監獄実験**

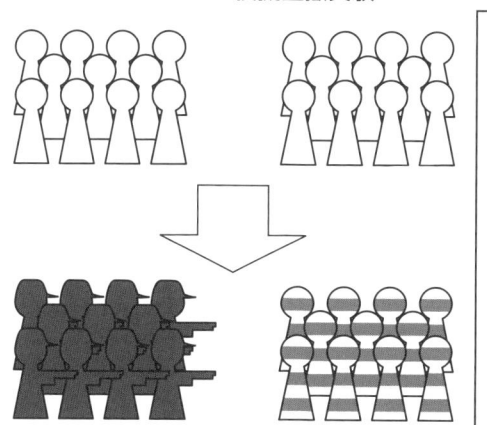

1971年アメリカ・スタンフォード大において心理学者 F. ジンバルドーによって行われた実験。人は特別な肩書や地位を与えられるとその役割に応じて行動するという実証を目的とし，新聞広告などで応募してきた21人を看守役・囚人役に分け，逮捕・収監するところから実験を開始した。実験は2週間の予定だったが，看守は誰に言われずとも囚人役に罰則を与え始めるなど，あまりにも真に迫ったものとなり，囚人役のカウンセリングをした牧師によって実験は6日間で中止された。

## 5 噂・流言の発生と影響

　2011年3月11日に起きた東日本大震災の直後，さまざまな真偽不明の噂が飛び交った。それに伴って，食料や生活用品，電池やガスボンベなどの防災用品やアウトドア用品，そして自転車までもを買いに走る人々の姿が見られた（**図5**）。震災直後の数週間，妙な興奮状態が人々を包んでいたことを，昨日のことのように思い起こすことができる。

　こうした噂やデマなどのことを「流言」と言う。流言は，個人間で伝わってきた真偽未確認の噂のことを指し，そのうちねつ造や中傷のことを「デマ」と呼ぶ。こうした流言の発生については後追いで調査が行われている。海外の例を挙げると，1938年10月30日の夜，アメリカで起こった事件がある。これは，H.G. ウェルズ原作，O. ウェルズ主演のラジオドラマ「宇宙戦争」の放送によって「（火星人が攻めてくるというドラマの内容を真に受けた）およそ100万人が家を逃れ，教会やバスターミナルに押しかけ満ちあふれた」というものである[2]。

　日本の例を挙げると，一つは1923年（大正12）9月1日に起きた関東大震災における流言の発生である。震災直後，関東各地で群発発生した「井戸水に毒薬が入れられた」というデマによって，朝鮮人が撲殺された事件が発生している[3]。

　同じように，東日本大震災でも流言は発生している。震災直後から携帯電話やインターネット上で出回っていたさまざまなメールがあり，筆者自身が受け取ったものだけでも，「石油コンビナートが津波で破壊され，炎上し，その有害物質を含んだ雨が降るから傘をさせ」「○日にまた大きな地震が来る」「今度は○○地域で地震が発生する」というものがあった。

　流言には好発条件がある（**図6**）。また「噂には尾ひれがつく」という表現もあるとおり，流言は伝わっていく中で単純化されたり，ある部分が強調化されたり，人々の願望や安心，期待といったものに沿った内容に変化していくという特徴がある。

　このような流言に加えて起こることとして，パニックが挙げられる。パニックとは，「（不安や恐怖を含めた）ヒステリー的信念に基づく集団的逃

走」(スメルサー，1963) とされている。このパニック時に人々が取る行動としては，買い占めや，脱出口に殺到する者と，避難を再三うながされながらも避難せず日常と同じ行動をとろうとする，逃げるにしても避難経路を使用せず日常的に使用している道に向かって逃げる者，という行動を取るものの二種類があるようだ。

**図5　東日本大震災時における買い占め**

(時事通信社)

**図6　流言の好発条件と東日本大震災におけるデマの例**

---

①テーマや興味や関心を引く時
②その内容が不確かで推測や解釈の余地がある時
③人々に不満・不安・恐怖があり，それから逃れようとする気持ちが強い時
④集団が共通の監視を持つ時
⑤経済恐慌，天変地異など，社会的に緊張がある時

---

【例1】自衛隊では支援物資を受け付けています。各県の県庁が窓口です。募集品目とご注意頂きたいこと・衣料，食料，電池，日用品（石鹸やティッシュなど），ベビー用品を募集しています。＊自衛隊の電話番号つき
　【例2】関西電力で働いている友達からのお願いなのですが，本日18時以降関東の電気の備蓄が底をつくため，中部電力や九州電力からも送電を行います。一人が少しの節電をするだけで，関東の方の携帯が充電をできて情報を得たり，病院にいる方が医療機器を使えるようになり救われます！
　【例3】最新のBBCニュースによると，日本政府は，第二波の地震により福島原発の放射性物質漏出抑止作業に失敗したことを認めた。

**図7 緊急時における人の行動例**

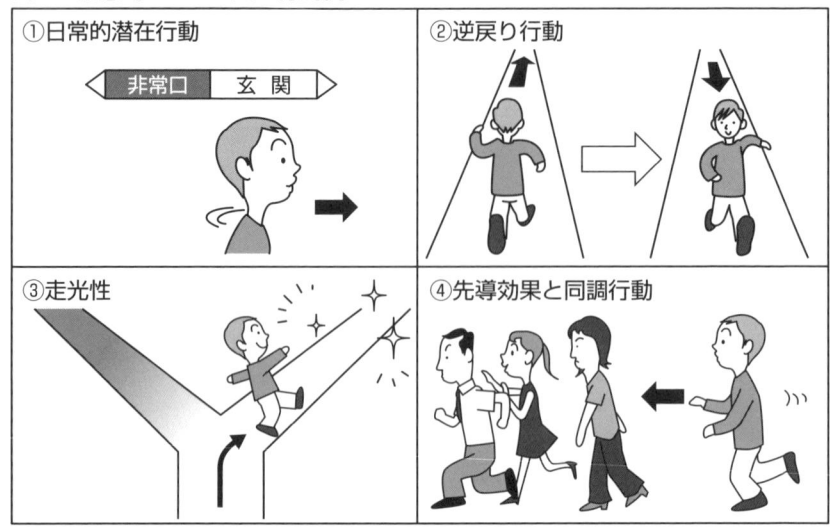

①日常的潜在行動　　②逆戻り行動

③走光性　　④先導効果と同調行動

　そもそもパニック状態に陥ると，**人は自分の生命を守ることに集中するため，視野が通常時よりも極端に狭くなる傾向にある。**そのため，他人のことは勘案せず，自分の生命維持のために必要なものを目につくだけ買い占めたり，わかりやすい出口に殺到したり，安心感を得るために無意識に日常と同じ行動を取ってしまったりということが発生する（**図7**）。

　パニックにしろ，流言にしろ，まずは新しい情報や正しい情報を得て，現状をとらえ直すことが必要である。

## 6 影響し合っているということ

　私たちは，現在までに蓄積された実証研究や実験，事件やできごとから，さまざまな「人の集まり」における人々の行動傾向を知ることができた。こうした知識は，自分の置かれている状況に気付き，自分が周りに影響されすぎているのではないか，また逆に，自分が他人にどのような影響を与えているのだろうかと考えるきっかけになる。そこではじめて集団の中にいる「自分」という個を改めて認識できるのではないだろうか。

このような，群集，大衆に所属することで発生する思考や行動のことを，「集合行動（collective behavior）」と言う。集合行動とは，群集心理，パニック，クレーズ（熱狂），モッブ（暴衆），流言，流行，社会運動，世論など多様な集合現象を包括する概念である。この集合行動の共通した特徴としては，その渦中にいる人たちには共通の目的や目標が存在しないこと，一つの目的を持った集団であるという自覚がないこと，集団でないために未組織で役割なども発生していないこと，そして，論理的な思考ではなく情緒的な思考で行動しやすいということが特徴として挙げられている。

　過去のできごとや実験によって明らかになった集合行動の様子から，私たちは実は思っている以上に，自分が置かれている状況に影響を受けているということがわかる。そして，自分が影響を受けているだけでなく，それと同様に，自分も他者へ影響を与えているということを忘れてはならない。お互いがそこに存在していることが，すでにお互いに影響し合っているのである。

　では，自分の意見とは一体何なのだろうか。他者が存在することで影響を受け合うのならば，自分の意見などないのだろうか。またそもそも，他者に同調していることは悪いことなのか，自分の意見を主張することのほうが良いことなのだろうか。

　この問いかけに対する答えのヒントになるものとして，「意志」と「バランス」の二つを提示したい。

　自分の意見をどのような形で表出するかは本人の意志で決めなければならない。誰かの影響を受けていようがいまいが，あるいは誰かの意見に頼るにしろ頼らないにしろ，「自分で決めた」のなら「自分の意志」だろう。そうした「自分の意志」には自分の責任が付随している。「自分の意志」を考えれば責任が発生し，安直な集合心理から一つ抜け出すことができるのではないだろうか。

　そして，もう一つは「バランス」である。同調ばかりしていても自分の意見はまったく反映されない。そこに自分の意志はなく，責任もない代わりに得られるものもない。その一方，自分の意見ばかり言っていては，自分の意志は伝わるかもしれないが，他者が意志を伝えることはできなく

なってしまう。こうなると，自分の意志に対する他者の意見が反映されず，お互いによりデメリットが大きくなってしまい，結局は得られるものがなくなってしまうことになる。そこで「バランス」が必要になる。自分の意見を表出したり，周りに同調したりしながら私たちはバランスを取っている。どちらか一方だけが良いのではなく，両方が良くなるように人間関係の中で日々試行錯誤を重ねているのである。

　こうしたバランスの取り方は，コミュニケーションという形で私たちの前に姿を表している。コミュニケーションの中で試行錯誤を行っているわけだから，どこか一か所に偏ってもしかたがないし，失敗を恐れてもしかたがないし，むしろ失敗なしでは試行錯誤にはならないだろう。

　私たちは，個々の意見を持ち寄って，みんなの意見を作る。個々の意見を持ち寄らなければ，みんなの意見は作れない。そしてみんなの意見によって個々の意見もブラッシュアップされていく。「自分の意見」が醸成されていくのである。自分の意見もみんなの意見も，その両方に磨きをかけ，双方がより多くのメリットを得るべきと考えるならば，まずはさまざまな人たちとさまざまな話をすることを恐れないことが第一歩ではないだろうか。

(弓田千春)

---

<引用文献>
1) 中島義明ほか編『心理学辞典』有斐閣，1999
2) H.Gウェルズ著／武田勝朗訳『H.Gウェルズの宇宙戦争―CD+BOOK』ユニコム，2001
　 H.キャントリル著／斉藤耕二，菊池章夫訳『火星からの侵入―パニックの社会心理学』川島書店，1985
3) 吉村昭『関東大震災』文春文庫，2004
4) 山田一成，結城雅樹，北村英哉著『よくわかる社会心理学』ミネルヴァ書房，2007

<参考文献>
1) 山岸俊男監修『徹底図解 社会心理学』新星出版社，2011
2) 井上隆二，山下富美代著『図解雑学 社会心理学』ナツメ社，2000
3) 池上知子，遠藤由美著『グラフィック社会倫理学』サイエンス社，1998
4) 亀田達也，村田光二著『複雑さに挑む 社会心理 改訂版―適応エージェントとしての人間』有斐閣アルマ，2010
5) 高木修監修／広瀬幸雄編『環境行動の社会心理学―環境に向き合う人間のこころと行動』北大路書房，2008
6) 『対人社会心理学重要研究集1〜7』城信書房，1987〜1999

## 第6章
# 人を助けるって？
### 援助することと，されること

社会は「助け合い」で
成り立っている

# 1 援助行動とは

　私たちが困っている友人を助けたり，お年寄りに座席を譲ったり，転んだ子どもに手を差し伸べたりする時，自分が何か報酬を得ることを期待して行っているわけではないことがほとんどだろう。こうした自分の利益を考えに入れずに，他人の利益になるように自発的に行われる行動のことを「援助行動」と呼ぶ。

　援助行動についての社会学的研究の発端は，1964年3月13日，アメリカはニューヨークで起きたキティ・ジェノベーズ事件である。この事件は，キティ・ジェノベーズという女性が自宅付近で暴漢に襲われ殺害されたというものだが，暴漢は一度彼女の抵抗によって逃げた後，もう一度女性を襲っている。彼女が殺害されるまで約40分あったとされ，この間，女性の助けを求める声や騒ぎにアパートの住民38人が気付いていたが，それにもかかわらず，誰も助けなかったどころかすぐに警察に通報した人物もいなかった。

　事件当時，マスコミはこぞって「都会の冷たさ」や「人間関係の希薄さ」が問題であるとしたが，社会心理学者たちは「なぜ，そのような状態に陥ってしまったのか」ということに注目した。人の援助行動を研究するきっかけになったのは，皮肉にも人が援助行動に出なかったことで注目された事件なのである。

　では一体，人はどのように他者を助けるのだろうか。私たちはどのような時でも，**助けを求める人にすぐに手を差し伸べることができるのだろうか。**

# 2 援助行動を抑制するもの

　キティ・ジェノベーズ事件と同じような事件はほかにもいくつか挙げられる。日本では1974年（昭和49）の冬，神戸の繁華街で1人の高校生が3人の若い男に殴られ，死亡する事件があった。この事件発生時，周囲には大勢の目撃者がいたが，誰一人止めに入るでもなく，警察に通報さえしなかった。これは「高校生，無援の死」として報じられた。

第 6 章 人を助けるって？＜援助することと，されること＞

**図1　ラタネとロディンの援助行動実験（1969）**

小部屋で会話中，隣室から女性の悲鳴が！
　①1人でいる時
　②友人と一緒にいる時
　③見知らぬ人と一緒にいる時
　④サクラ（女性を気遣わない）と一緒にいる時
援助行動を起こす確率は①〜④の順に高くなった。
→
援助行動の相互抑制効果

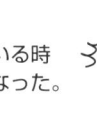

きゃあぁぁ

　このように，人は援助行動を抑制してしまう場合がある。
　アメリカの社会心理学者ラタネとダーリーは，キティ・ジェノベーズ事件の目撃者たちは38人もいたからこそ，援助行動の発生が抑制されてしまったのではないかとした。このような，他者が存在することによって援助行動が抑制されてしまう状態のことを「傍観者効果」と呼ぶ。この背景には，群集心理にも見られる「責任の分散」（66ページ参照）が存在している。
　他者の存在によって責任感が拡散し，傍観者的な態度が形成され，結果的に困っている人に対して冷淡な態度を取ってしまう。また，援助を断られて恥ずかしい思いをするなどのように，失敗や人の目を気にすることも援助行動を抑制する。
　つまり，他者の行動が「動かない」という選択であった場合，「動かないことが正常」であると思ってしまい，援助行動や避難行動を取るといった「動くことが異常」であるかのように感じてしまう。他者の行動を基準として考えることで，自分も基準から逸脱した行動は取ってはならないものだと判断してしまい，その結果援助行動は発生しなくなる。このように，お互いの存在によって援助行動が抑制されてしまうことを，「援助行動の相互抑制効果」と呼ぶ。
　この援助行動の相互抑制効果について，ラタネはほかにも実験を行っている。控室でアンケートを答えさせている時に突然換気口から白煙がもくもくと上がった場合，その時被験者はどうするかという実験である。回答者が1人の場合は75％が部屋を出て緊急事態を実験者に伝えたが，回答

**図2 相互抑制効果の例＜1人と複数＞**

**図3 援助行動抑制の例＜どちらを助ける？＞**

者が3人いる状況でほかの2人が白煙など気にせず何もなかったようにアンケートに答えていると、10％の人しか立ち上がらず、ほかの90％の人たちは2人の行動を見て自分の行動を抑制した（**図2**）。

　これらの実験結果からわかることは、人が何かの行動を起こす大きな要因になっているのは他者の行動ということである。**私たちは他者の行動を見て、自分の行動について判断しているといえる。**

　他者の行動のほかにも、援助行動を抑制してしまう要因がある。

　例えば、駅の構内で倒れている人がいるところを想像してみよう（**図3**）。場面Aは、スーツを着た人物が倒れている。衣服に乱れはなく、頭に外傷がある。そのそばに彼の物と思われる鞄が落ちている。場面Bは、汚れた衣服を着ている人物が倒れている。外傷は見当たらない。彼のそば

には，缶ビールや瓶などのアルコール類が散乱しており，酒臭い。

　さて，あなたはA，Bどちらの場面でも，すぐに倒れている人を助けに走るだろうか。場面Aの人物ならば助けるが，場面Bの人物は助けないという人が多いのではないだろうか。

　場面Aの人物は，その場で倒れていることはその人の責任によるものではなく，何かアクシデントが発生したせいであり，援助行動を起こすことが最も正しいことであると判断した人が多いだろう。しかし，場面Bはどうだろうか。彼がそこに倒れているのは，彼の周囲にあるアルコールによるものかもしれず，酔っ払っているのかもしれないと考えられる。そもそもが，倒れているのではなく，酔ってそこに寝ているだけなのかもしれない。そうなると，声をかけて起こしてしまうことで絡まれるかもしれない。かえって自分にとって不快な思いをさせられるかもしれないという心配ごとが頭をよぎる。結局，そこに倒れている（＝寝ている）ことはその人の責任によるものであるから，援助する必要はない，そっとしておこう，と考える人は多いのではないだろうか。

　このように，**私たちは援助される側の責任の有無について考えている**。援助される側に責任がない場合は同情が生まれて援助行動が発生するが，援助される側に責任があるとした場合は，嫌悪感情が生じて援助行動が発生しなくなる。つまりは「自業自得」という判断が働くわけである。

　しかし，この判断は経験や体験からだけでなく，情報の与え方や個々人の持つ先入観，ステレオタイプによっても下されてしまうことがある。このB.ワイナーの考え方を，P.ドゥリーが実験によって確かめている。

　まず，実験に参加した人々に，エイズと診断された人についての物語を読んでもらう。エイズ患者が輸血によって病気になったと理解した参加者は，患者にはエイズにかかった責任がないと考え，同情を感じて援助を申し出た。逆に，性交渉やドラッグによって病気になったと理解した参加者は，エイズにかかったのは患者に責任があると考え，同情を感じず，援助の申し出もしなかったのである。

　こうした個人が置かれた状況の問題だけでなく，実は認知の段階から，私たちは知らず知らずに，いくつかの段階をクリアした状況のみで，援助

**表1　人を助けるまでの心の動き**

> ＜援助行動に関する5つの段階（緊急事態における援助）＞
> ①緊急認知の段階・・・・・緊急事態が起こったか？
> ②判断の正確性の段階・・・自分の判断は間違っていないか？
> ③自己責任の確認段階・・・自分が助けなければならないか？
> ④援助の方法の段階・・・・助ける方法を知っているか？
> ⑤行動決定段階・・・・・・実際にその援助に着手するか？
> 　①～④が満たされていても，例えば犠牲者の血によって服が汚れる心配，自分が疑われる，自分が巻き込まれるかもと思うことなどによって援助を躊躇することがある。
> →援助しない

行動を行っているとされている（**表1**）。

　自分が援助側の場合，援助行動を起こすことは自然なことなのではなく，集団や群集の中の1人になってしまうと自分が援助行動を起こさなくてはという気持ちや責任感が薄れてしまうことや，他人が助けていないのだから助けないことが"普通"であるという判断をしてしまうこと，そして自分の持つ先入観による見かけの判断など，援助行動を抑制される影響要因が複数あることをまずは自覚することが必要だろう。そして，自分が援助される側の場合は，**不特定多数の「誰か」に助けを求めるのではなく，目の前の「あなた」に助けを求めることが，援助を受ける可能性を広げてくれることを知っておく必要がある。**

## 3 援助行動を促進するもの

　では，援助行動を促進する状況とはどのような状況なのだろうか。いくつかの過去の実験をみてみよう。まず，援助行動を促進する状況は，「援助者側の気分」によって左右されるという実験を紹介する。
　カンニガムはショッピングセンターの前にある公衆電話ボックスを実験場所にした。電話をたまたま利用した人が被験者となる。被験者は，コインの返却口に10セントがあるのに気付き手に入れる。これで快感を持つ。そこへ通りがかった人が書類を全部落としてしまった時，被験者が書類を拾うかどうかを調べた。結果は，10セントなしの被験者→40％の人が助ける，10セントありの被験者→73％の人が助ける，というものだった（**図4**）。

第 6 章 人を助けるって？＜援助することと，されること＞

**図4　気分が良い時は人助けをする？**

**図5　罪悪感を感じると人助けをする？**

　では，罪悪感を感じた時はどうか？　公衆電話実験と同じ場所で，たまたま居合わせた人（被験者）にカメラのシャッターを押してほしいと依頼することから実験は始まる。被験者はシャッターを押そうとするが，シャッターが下りない。依頼した人は，あたかもその人がカメラを壊したかのような不満を表しながら去る。被験者は何となく悪いことをしたような気分になる。その直後，通りがかった人が書類を落とすと80％の被験者が書類を拾った（図5）。つまり，罪悪感があると，その罪悪感から解放されるために他者を援助する行動に出やすくなるのだという結果が得られたのである。
　また，援助を求める先の様子によって，援助行動を求めやすくなったり，求めにくいと感じたりすることがわかっている。
　例えば私たちが何か困った時，専門家に質問することが一番確かな方法だが，なぜか自分の家族や友人といった近い人に聞いてしまうことが多い

のではないだろうか。身近な人が正確な情報を持っているとは限らないため，かえってトラブルが大きくなったり，余計にわけがわからなくなってしまったりすることもある。では，どうしてすぐに最も適切な人に相談し，助けを求めないのだろうか？

　その心理はラタネの「社会的インパクト理論」から説明できる。社会的インパクトとは，相手と対応する時，相手から受けるインパクトのことを指している。対人ストレスと言ってもいいだろう。援助を求める際，その道の専門家などの最も正しい回答に近い人物，つまり"自分よりも優れていて偉い人"に聞くのは社会的インパクトが大きいので，つい避けてしまう。この対人インパクトの大きさは，①地位などの相手の社会的勢力，②相手との距離，③相手の人数，で決まる（社会的インパクト理論の3要因）。

　ウイリアムズの実験からも，①教授よりも助手に相談しやすく，②相手が見える場合よりも見えない（距離が離れている）場合のほうが相談しやすく，③援助者が3人の場合よりも1人の場合のほうが早く相談した，という結果が得られている。

　このように，被援助者は自分にとって社会的インパクトがなるべく小さいと思われるほうに，より早く助けを求めることから，援助者としては，自分の置かれている状態にも目を向け，「援助を求めやすい状態」を設定することも必要であろう。

## 4 災害における援助行動

　それでは，災害時という特異な状況下では，対人援助行動はどのように発生するのだろうか。

　災害や事件，事故の中で発生する援助行動は，職業上の責任感や使命感や社会的立場による一種の役割行動から発生したものである。ホームに落ちた子どもを電車に轢かれそうになる間際に救った駅員や，パトロール中に火事を発見し，火の中に飛び込んで家人を救った警察官の行動などが，この役割行動に該当する。

　火事や水難事故，地震の際に親が自分のいのちを犠牲にして子どもや家族のいのちを救うという行動や，2011年の東日本大震災で見られた自衛

隊・警察・消防などによる負傷者の救出や手当，被災者同士や一般のボランティアによる食料の炊き出しや救援物資の搬入なども援助行動である。こうした極限状態下での冷静で温かな行動は，その多くが自らの職業上の立場や役割に基づいていることが考えられる。役割行動を取る人々は，職業上，自らの責任感や使命感に基づき，それに沿って「今，やらなければならないこと」に全力を尽くすからこそ，恐怖心や不安感などを一時的に忘れることができる。

さらに，目の前に自分しか助けることができないと思われる人がいる場合，自分の身を犠牲にしてでも助けようとする愛他行動が活発化する。これは，役割行動のような使命感があると，より強く活性化することも指摘されている。

こうした仕事での使命感や役割を持った援助者たちは，援助者として愛他行動が活性化するだけでなく，要救助者と一緒に被災する可能性がある。つまり，被災者と同様にPTSDになる可能性があるのだ。現地に入り災害に直面し，被災者の体験を見聞きしてしまうことで，被災者と一緒に災害を経験してしまうのである。

加えて，PTSDだけでなく燃えつき症候群（バーンアウト）になる可能性もある。災害発生直後は役割意識と愛他行動によって援助活動に積極的に関わるが，活動が終了すると自分が生きている意味を見出せないというような感覚に一気に陥ることがある。このように，災害時の援助者は，まずは自分の身体的，精神的な状態をきちんと把握し，自らも被災者となってしまわぬように気をつけなければならない。

日本は地震大国である。阪神淡路大震災時が「ボランティア元年」と呼ばれているように，以来大きな震災が起こるたび，さまざまな専門家から一般人まで多くのボランティアが集まっている。

また，実際に現場に入りボランティア活動を行うことだけが対人援助ではない。例えば，物資や資金面の提供や寄付といった物質的援助，介護などのさまざまな奉仕活動を行う労働力の提供，状況や環境を改善することで悩みの原因を解決しようとする環境調整，助言や指導などの対人コミュニケーションによる援助といった対人援助が挙げられる。

しかし，これらの対人援助を行うことがすべて正しいことではない。具体的な援助を積極的に実行せずとも，パニックに陥らず流言に惑わされず，確かな情報の元，静かに援助を求める声を待つことも必要なことであると考える。

　さらにいえば，援助する側としては被援助者に援助を強いることをしてはいけないだろう。例えばあなたは人に助けられた時，どのように感じるだろうか。もちろん，ありがたいといった感謝の念と，さしのべられる手の温かさを実感するだろう。しかしその反面，申し訳なさや罪悪感といった感情も発生することが考えられるのではないだろうか。こうしたことを含めて，対人援助を行う場合は，実際に行う行動だけでなく，被援助者の心の面にも配慮を忘れてはならないだろう。

## 5 日常生活での援助行動

　この章では援助行動について，事件や事故の現場に遭遇した際の人の心理や，大規模な災害に直面した時の援助行動の開始や経過の諸問題について考えてきた。

　しかしながら，広い意味での援助行動は，そうした特別な状況だけに起こることではなく，ごく身近な日常生活の中で普通に見られるし，私たちがほとんど無意識に取っている行動でもある。エレベーターから降りる時に操作盤の近くに立っていれば，ごく当たり前のように，ドアを開放しておくためにボタンを押して，降りる人を待っていたことはないだろうか。町で前を歩いている人が物を落としたりすれば，自然に声をかけたという経験もあるのではないだろうか。

　このように，援助行動は特別なことではなく，普段の生活の中で私たちが日常的にしていることなのである。特別な事態に直面したり遭遇したりした時にも，なんらかの援助行動が取れるようになるにはどうしたらよいのであろうか。そのことを考えるヒントが，この章を通して得られたことを願いたい。

（弓田千春）

<参考文献>
1）瀬尾直久監修『図解雑学 身近な心理学』ナツメ社，2002
2）井上隆二，山下富美代著『図解雑学 社会心理学』ナツメ社，2000
3）齊藤勇著『図解雑学 人間関係の心理学』ナツメ社，2002
4）南山短期大学人間関係科監修『人間関係トレーニング―私を育てる教育への人間学的アプローチ』ナカニシヤ出版，2005
5）亀田達也，村田光二著『複雑さに挑む 社会心理学 改訂版―適応エージェントとしての人間』有斐閣アルマ，2010
6）山岸俊男監修『徹底図解 社会心理学』新星出版社，2011
7）山田一成，結城雅樹，北村英哉著『よくわかる社会心理学』ミネルヴァ書房，2007
8）高知県地域福祉部『災害時のこころのケアマニュアル』2010

## 第 7 章
# メディアは社会の道標？
**近代・現代はメディアの発達とともに**

メディアとの
正しい付き合い方がある

# 1 メディアとは

　メディアとは一体何だろうか。メディアとは「媒体。特に，新聞・雑誌・テレビなどの媒体」(明鏡国語辞典) とされ，広く一般的には，伝達の手段として認識されている。具体的には，新聞，雑誌，テレビ，ラジオなどのマスメディアに加えて，絵画や映画，書籍，インターネット，パソコン，携帯電話やスマートフォンなどのことを指し，ニューメディアやパーソナルメディア，ネットワークメディアなどといった言葉もある。

　マスメディアは，印刷媒体（新聞や書籍，雑誌など）と非印刷媒体（テレビやラジオ，映画など）に分けられ，個人と個人を繋ぐもの（携帯電話や手紙など）はパーソナルメディアと呼ばれる。そして，インターネット登場以降，出現したのがネットワークメディアである。インターネットはマスメディアにも，パーソナルメディアにも成り得る（**図1**）。

　近年は，ゲームやアニメーションもメディアであるという声も出てきているが，このことについては現在も議論が続けられている。

**図1　さまざまなメディア**

第7章 メディアは社会の道標？＜近代・現代はメディアの発達とともに＞

## ❷ メディアからの影響

　テレビは19世紀前半に開発が始まり，1929年にはイギリス BBC が試験放送を始めている。日本でも，戦後最大のマスメディアとして急速に成長したのはテレビである。それまで人は，言葉と文字を主な伝達手段としてきたが，産業革命以降，印刷や通信，放送と，より遠くへの伝達方法が発明され，さらに視覚情報としての映像と，聴覚情報としての音声言語の両方を伝えることができるテレビが発明され広く普及していった。

　そして現在，わが国の携帯電話人口普及率は99.4％[1)]，インターネット世帯普及率も93.8％となっており（**図2**），20世紀以降突出していたテレビに加えて，携帯電話，パソコン，インターネットが広く普及していることが明らかである。また，テレビも双方向性コミュニケーションを図ることを試みたり，携帯電話でもスマートフォンと呼ばれるような，ネットワーク環境に強いことを売りにしたものが出てきたり，ゲーム機の中でもネットワーク環境を使用するものも出てきており，一つのメディア分類だけではおさまらない，複数の働きを持ったメディアが出てきている。

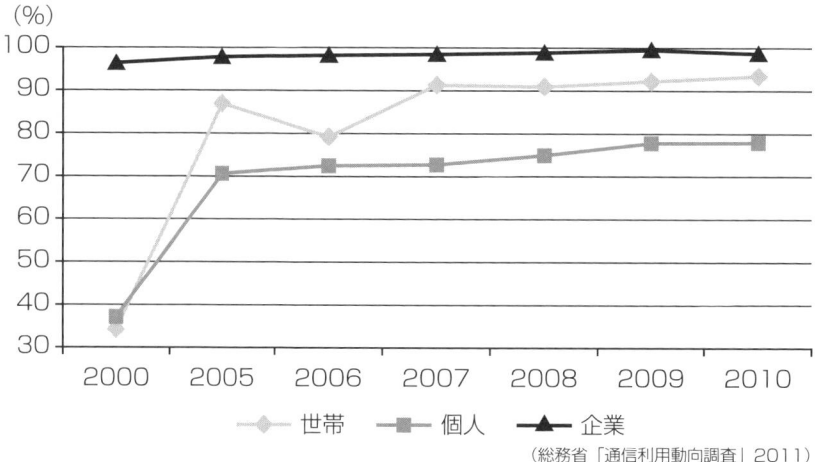

**図2　インターネット普及率の推移**

（総務省「通信利用動向調査」2011）

## 3 メディアから受ける影響

　21世紀に生きる私たちは，多様な側面を持ち合わせたたくさんのメディアに囲まれている。日常的にテレビを視聴し，インターネットに接続している（**図3**）。メディアは，立法，行政，司法に次ぐ「第四の権力」とも呼ばれているのは，マスメディアが社会に対して持っている影響力の大きさを表している。

**図3　1日のメディア視聴時間　上：週平均・1日あたり　下：性年齢別**
＊小数点第1位以下四捨五入

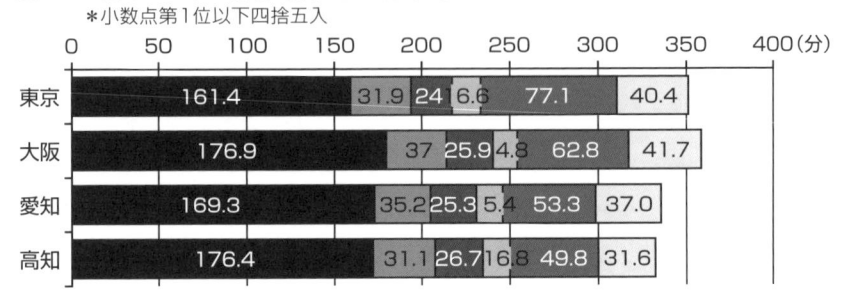

| | | テレビ | ラジオ | 新聞 | 雑誌 | PCからのインターネット接続 | 携帯からのインターネット接続 |
|---|---|---|---|---|---|---|---|
| 東京 | | 161.4 | 31.9 | 24 | 16.6 | 77.1 | 40.4 |
| 大阪 | | 176.9 | 37 | 25.9 | 4.8 | 62.8 | 41.7 |
| 愛知 | | 169.3 | 35.2 | 25.3 | 5.4 | 53.3 | 37.0 |
| 高知 | | 176.4 | 31.1 | 26.7 | 16.8 | 49.8 | 31.6 |

| | テレビ | ラジオ | 新聞 | 雑誌 | インターネット(PC) | インターネット(携帯) | 合計 |
|---|---|---|---|---|---|---|---|
| 全体 | 161.4 | 31.9 | 24.0 | 16.6 | 77.1 | 40.4 | 351.4 |
| 男15〜19才 | 141.1 | 13.2 | 8.9 | 16.1 | 90.9 | 108.3 | 378.5 |
| 20代 | 119.1 | 19.0 | 19.9 | 18.1 | 131.4 | 74.3 | 381.8 |
| 30代 | 116.0 | 32.9 | 16.5 | 17.9 | 114.4 | 49.4 | 347.1 |
| 40代 | 132.3 | 42.0 | 24.9 | 19.5 | 97.6 | 39.4 | 355.7 |
| 50代 | 157.0 | 33.8 | 28.2 | 16.7 | 89.0 | 13.3 | 338.0 |
| 60代 | 190.2 | 64.8 | 46.6 | 19.2 | 61.6 | 7.5 | 389.9 |
| 女15〜19才 | 141.0 | 18.7 | 4.9 | 12.2 | 79.8 | 102.3 | 358.9 |
| 20代 | 153.0 | 12.5 | 7.9 | 12.1 | 68.4 | 67.8 | 321.7 |
| 30代 | 192.0 | 27.7 | 14.1 | 9.8 | 64.0 | 45.3 | 352.9 |
| 40代 | 170.7 | 15.2 | 17.2 | 17.3 | 59.2 | 34.8 | 314.4 |
| 50代 | 219.6 | 32.8 | 37.6 | 14.5 | 43.6 | 15.5 | 363.6 |
| 60代 | 198.1 | 50.6 | 46.7 | 22.2 | 20.0 | 4.0 | 341.6 |

（メディア環境研究所「2012年メディア定点観測」）

## 第7章 メディアは社会の道標？＜近代・現代はメディアの発達とともに＞

　こうした状況の中で，「メディアは私たちに悪影響を与えるものだ」という発言がよくなされる。特に近年は，テレビゲームやマンガの暴力表現，性的表現などに批判が集まっている。何か事件が起こると，「加害者は暴力的なゲームを好んでいた。やはりその影響か」とテレビ番組のコメンテーターや司会者が発言する。しかしそれは，そういったものにのめり込んでいった加害者の問題なのか，ゲームや映像の問題なのか，一体何が原因なのかが不明瞭である。そもそも私たちは，メディアにどのような影響をどれほど受けているのだろうか。

　まず，メディアが私たちに影響を与えていることはわかっているという人が大半だろう。しかし，その「私たち」の中に「私」は含まれているだろうか。

　マスメディアからの影響は，自分に対してよりも第三者に対してより大きく見積もられるという傾向があり，これを「第三者効果」と呼ぶ。例えば，広告を見て購買意欲が高まるかという質問に対して，自分はそう思わないが，他者に関しては購買意欲が高まるのではないかと考えるようなことを指す。この第三者効果により，私たちはメディアの影響力は，自分よりも他者に対して大きいと思い込んでいる。まずは自分にもメディアの影響が他者と変わらずにあることを自覚すべきだろう。

　次に，テレビの長期的な影響について指摘したい。アメリカペンシルバニア大教授ガーブナーらが提唱した「培養理論」である。彼らは，テレビは現代社会において，社会全体に広く情報を伝え，人々の規範や価値観を教えてその文化や社会に適応するように促し，その結果，社会の現状を維持する機能をしていると主張した。ガーブナーはテレビにおける暴力表現の影響を測る実験を行っているが，学歴や年齢，性別に関わらず，テレビを長時間視聴（1日平均4時間以上）している人は，世の中が暴力的で危険であり，他者に対して不信感を抱く傾向があるということを明らかにしている。

　とはいえ，私たちは時事問題を知るためにも，長時間でなくともテレビニュースを見る。テレビの影響を考えて，新聞やインターネットのニュースサイトを見たりする人もいるだろう。ここで気をつけるべきは，テレビ

といったメディアそのものより，**メディアが伝えるニュースはあくまで私たちに実際のできごとのある限定された側面を伝える媒介であり，私たちがメディアから得ている情報やできごとは，現実そのものではないということである。**メディアはそれぞれ異なったフレームで現実を切り抜き，それぞれの枠の中でそれぞれに情報を述べているにすぎないのである。

私たちがものを考える時，同じできごとでも異なった認識を持てば異なった結論を生むということを思い出してみよう。例えば，授業の課題提出一週間前ということに対して，「もう一週間しかない」と考えるか，「あと一週間もある」と考えるかではまったく異なった認識である。このように，どのような視点でどのように理解するかという個人の考え方に枠組みを与えることを「フレーミング効果」という。

メディアはこのフレーミング効果を持っている。私たちはさまざまな時事問題のうち，どれを問題視するかという選択を自由に行っているわけではない。メディアがそれぞれ異なったフレームで切り取った現実を情報として受け取り，それについて問題視するかどうかを決めているのである。

私たちはマスメディアから，「何について考えるか」と「どのように考えるか」の二つの視点への影響を受けていることを知らなくてはならない。

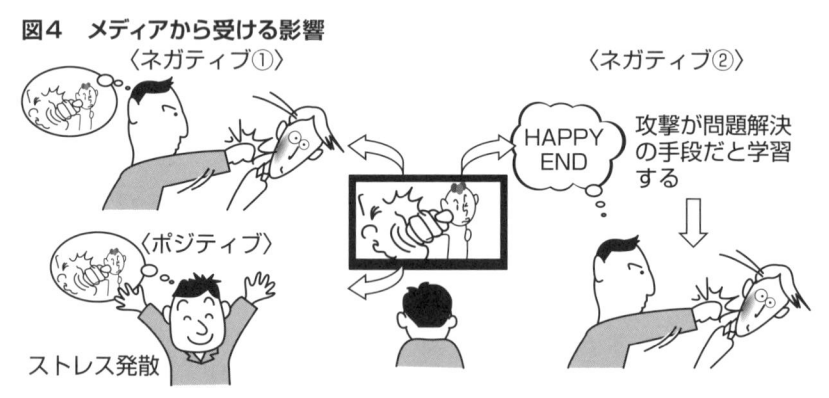

**図4　メディアから受ける影響**

メディアから受ける影響としては，攻撃行動のモデリングという視点と，抑圧された欲求の昇華を促すものだという対立する考え方がある。これはテレビやテレビゲームについての論争だが，現在この論争に答えは出ていない。

## 4 メディアとのより良い付き合い方

　人と人とのコミュニケーションの取り方は，通信機器の発達によってここ20年で劇的に変化を遂げた。30年前は家の固定電話と手紙が主な連絡手段だったが，ポケベル，携帯電話，パソコン，インターネットとさまざまな通信手段が発達し，さらに携帯電話とパソコンの機能を合わせ持ったスマートフォンが爆発的に普及している。

　こうした通信・情報機器の発達とともに，人々のメディアとの付き合い方も変化してきた。常に何かしらのメディアと接触し，かつ，それらメディアが多方面とつながっており，子どもから大人までの誰もがさまざまなメディアに触れることができるようになった。個人への電話連絡が気軽に行え，メールを送ればすぐに返事が返ってくる時代である。人々は携帯電話を持ち歩き，それが普通になった。持ち歩くのを忘れた場合は不安になり，持ち歩かないことを非難される場合もある。電話やメールによって，私たちはどこにいても連絡がつくようになってしまった。携帯電話によって自分の首に首輪がつけられているようだともいえる。

　こうした人とメディアとの付き合い方，いわゆる「メディアリテラシー」について，未だ定まっていないことが問題視されている。メディアの持つ技術の多様さと，その急速な進歩に多くの人が追い付いていないためだと指摘されている。

　しかし，こうしたメディアの進歩や多様さにかかわらず，まずは倫理としてのメディアリテラシーを考えるべきではないだろうか。メディアリテラシーとは，メディアの発信する情報を正しく読みとき，メディアを使いこなす能力のことをいう。メディアリテラシーは「メディアの情報の表面的な読み取りだけでなく，メディアの構造，特徴，情報送出のしくみ，その社会的機能や責任，その内包する諸問題までを人々がどれほど知っているかということを含むものである」とされている[2]。ここまで見てきたように，メディアによって人はさまざまな影響を受けていることを知ることが，メディアリテラシーを獲得する第一歩ではないだろうか。

　近年はいじめや犯罪なども，携帯電話でアクセスしたインターネット上

で発生している。

　メディアの発展によって，実際に会ったことのない者同士でも会話をしたり，意見を交換したり，写真や映像をやりとりしたりと，多様なコミュニケーションを取れるようになった。情報の発信側と受け手側との間で双方向のコミュニケーションが可能になってきている。このことにより，私たちは，メディアから一方的に影響を受けているだけではなくなってきた。私たちはメディアを駆使して個人の意見を発信できるようにもなったのである。

　そう考えると，こうしたメディアを用いて行われるコミュニケーションは，メディアを使っているから特別なもの，というわけではない。実際に顔を合わせて話をするコミュニケーションとなんら変わらないともいえる。メディアを使用することで，大勢の中の一人といった感覚を持ったり，匿名性が保たれているような錯覚に陥るが，一個人として存在していることに変わりはないことに気づくべきである。むしろ，教えるつもりもない自分の情報が多方面に散らばり，他者が知りたいと思えば，自由に見られるようになっているかもしれないということを考えなければならないだろう。

　メディアは今後も発展するだろうし，時代の変化に逆らうことはできない。自分がメディアに飲み込まれないように気をつけなければならないだろう。メディアをどのように使うのか，メディアを使っている一人ひとりが考えなくてはならない。

(弓田千春)

---

＜引用文献＞
1) 総務省「携帯電話及びPHSの加入数」2011
2) 文部科学省「子どものメディア接触と心身の発達に関わる調査・研究」2006

＜参考文献＞
1) 山田一成，結城雅樹，北村英哉著『よくわかる社会心理学』ミネルヴァ書房，2007
2) 岡林春雄著『メディアと人間　認知的社会臨床心理学からのアプローチ』金子書房，2009
3) 小川恒夫著『政治メディアの「熟慮誘発機能」－「マニフェスト」時代の効果研究－』八千代出版，2006
4) 色川大吉著『心とメディア』小学館，1997
5) 坂元章著『テレビゲームと子どもの心─子どもたちは凶暴化していくのか？』メタモル出版，2004
6) ローレンス・カトナー，シェリル・K・オルソン著／鈴木南日子訳『ゲームと犯罪と子どもたち─ハーバード大学医学部の大規模調査より』インプレスジャパン，2009
7) 『児童心理　特集ゲーム世代の子どもたち』金子書房，2008年2月号

第 8 章
# キャリアを形成する？
社会とのつながり

働くことには
いろいろな意味がある

# 1 働くとは

　これまでに働くということを考えてみたことがあるだろうか。二十歳前後になれば多くの人がアルバイトという形態での労働を経験していたり，父親や母親をはじめ身近な人の姿や話などを聞くことによって，働くことについての漠然としたイメージを持っているだろう。

　労働とは，「人間が自らの生存を維持し豊富化させていくために，意識的に自然界に働きかけて有用な価値を形成する基本的な営為」と定義されている[1]。労働には，有償で行われる場合と，家事を行う場合やボランティア活動のような無償労働に分けることができる。

　現代社会では，労働はなんらかの職業として出現している。職業とは，「社会的分業の成立している社会では，個人が独立の社会的単位として存在するために，自己の生計の維持を図り，同時に社会的連帯と自己実現をめざす持続的な人間活動の様式をさす」と定義されている[1]。自己の生計の維持には，自己を含めた世帯成員の生計維持が含まれている。つまり，働くことは生活していくためだけではなく，他者とのつながりや自己のアイデンティティを確立するという意味も含まれるのである。

　私たちは，生物的生命維持とその延長という意味でも生きていく必要がある。しかし，人間は個体単独での自己の生命維持や存続は不可能である。そのため，私たちが生きていくためには，他者との共生や共存が不可欠なのである。さらに，職業を通じた労働従事によって，自己実現と社会成員としての社会的承認という生きる上での精神的充足も達成している。働くということには，自己の社会的存在意義の確認という重要な機能も含まれている。つまり，働くという行為も，他者との人間関係の中で行われるものなのである。

　では，現代の若者は就労（労働に就くこと）に対してどのような意識を持っているのだろうか。2011年度の新入社員に対して行った調査結果によれば，最も多かった回答は「社会や人から感謝される仕事がしたい」96.4％，次に「仕事を通じて人間関係を広げていきたい」96.1％であった[2]。社会や周囲の人から感謝される仕事がしたいとは，他者からの社会

的承認を得たいということであり、仕事を通じて人間関係を広げたいということは、より豊かな社会関係の形成を求めているということであろう。そして多くの人と交わる中で、自分らしさを磨いていきたいということであろう。この上位二項目から、現代の若者にとって就労は、私たちが生活をするために必要な収入を得るためという目的よりは、前述した自己実現と社会的承認による社会参加の意義の確認という点を表出している。換言すれば、働くということは他者とのつながりを生み、他者との関係の中で自己のアイデンティティを確立する要素であると若者が考えているといえる。かつて私たちは家庭の中や近隣との付き合いの中で、自分にとって可能な労働、すなわち家族や地域社会において期待される役割の一部として、自己の年齢相応の能力や体力に応じた仕事をすることで家族や社会の一員であると感じたり、確認することができた。しかし、**現在では生きがいや社会の一員であるという成員性の確認を、働くことを通して行うようになっていると考えられる。**

　図1から、獲得学歴を過去と比較すると、大卒層は増えているものの、依然として非大卒者が約半数いることがわかる。吉川（2009）は大卒と非大卒との間を「学歴分断線」とし、現代社会ではこの学歴分断線が徐々に社会の中央に押し出されてきていると述べている[3]。職業選択が比較的自由に行え、労働や就労に対する意識として「自己実現」や「社会的承認」を求める人々が存在する一方で、「自己実現」が叶えられるような職業選択が可能ではない人々も存在することも理解する必要があるだろう。また、働くことや就労に対する意識として「自己実現」や「社会的承認」を求める場合、その仕事が自分にとって適合しないと感じた場合、「今の仕事は本当に自分に合っているのだろうか」とか「ほかにもっと

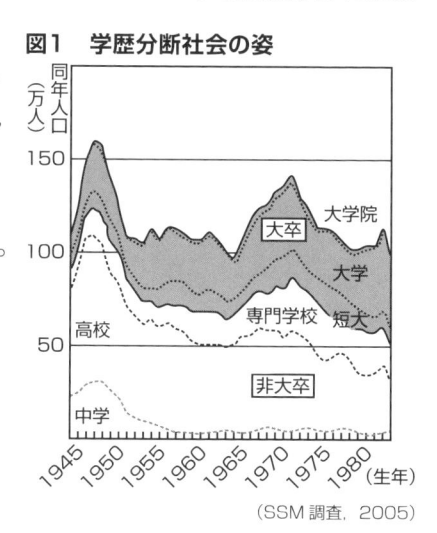

**図1　学歴分断社会の姿**

(SSM調査, 2005)

自分に合った仕事があるのではないだろうか」といった悩みが生じてくる。イギリスの社会学者アンソニー・ギデンズは、近代社会を「再帰性」という言葉で特徴付けている[4]。浅野（2010）によれば、再帰性とは、「ある行為なり制度なりを"別なふうにもできるのではないか"という観点から眺める態度を指す」[5]としている。まさに、現代社会の転職率の増加は、このような近代社会の特徴である再帰性が大きく関係していると考えられる。働くことや就労に対して「自己実現」や「社会的承認」を得るためという意識が間違っているわけではないが、職業、就労に関するこうした自己認識傾向の背景にある問題や、その結果起りうる問題にも、自らを主体的当事者として目を向ける必要がある。

## 2 現代の労働状況

出生数の減少による若者の労働力の減少や、いわゆる団塊世代の大量退職などによる人口構造の変化によって、わが国の労働力人口は減少傾向にある[6]（図2，図3）。労働力人口とは、15歳以上の人口のうち、「就業者」と「完全失業者」を合わせたものである[7]（図4）。

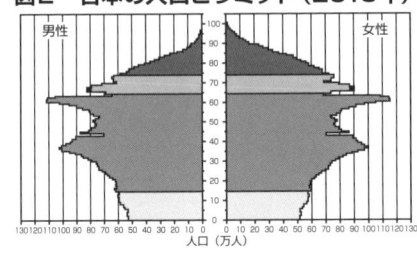

**図2　日本の人口ピラミッド（2010年）**

**図3　労働力人口の推移**

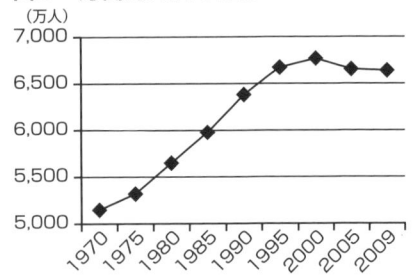

**図4　労働力人口**

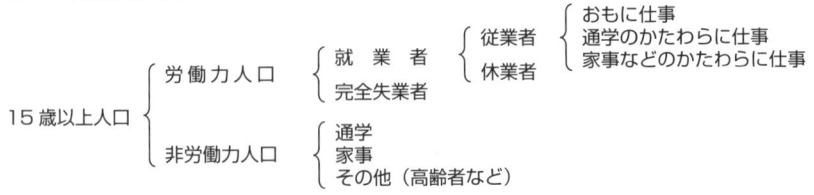

```
                          ┌ 就 業 者 ┌ 従業者 ┌ おもに仕事
         ┌ 労働力人口 ┤         │        ├ 通学のかたわらに仕事
         │           └ 完全失業者 └ 休業者 └ 家事などのかたわらに仕事
15歳以上人口┤
         │              ┌ 通学
         └ 非労働力人口 ┤ 家事
                        └ その他（高齢者など）
```

## 第8章 キャリアを形成する?＜社会とのつながり＞

　現代社会の中で，私たちの働く環境も大きく変化している。その一つとして，雇用形態の多様化が挙げられる。多様化した原因は，経済のグローバル化に対応するために，企業が人件費の抑制によって国際市場における価格競争を戦うという姿勢に変質せざるを得なかったことにある。具体的な例として，大企業を中心とした日本型経営の三本柱と言われた終身雇用慣行，年功序列賃金，企業内組合という日本の伝統的な雇用形態の崩壊がある。図5の非正規雇用者にはパート，アルバイト，労働者派遣事業所の派遣社員，契約社員・嘱託などが含まれている。この調査から，2002年から正規雇用者の割合は減少傾向にあるのに対して，非正規雇用者の割合が増加していることがわかる[6]。

　また，所得に関しても1997年と2007年を比較すると，10年の間に雇用者の所得が大きく変化していることが分かる（図6）。20代をみると1997年には所得が300万円台の雇用者の割合が最も多かったのに対して，2007年の調査では，所得が200万円台の前半という雇用者が最も多くなっている。30代をみると，1997年では所得が500万円台という雇用者の割合が最も多かったのに対して，2007年では所得が300万円台という雇用者が最も多くなっているのである。この10年間で若い世代の所得が減少していることがわかる。

　このように，雇用形態の多様化や所得の減少などにより，現代社会では

**図5　正規・非正規別にみた雇用者数の推移**

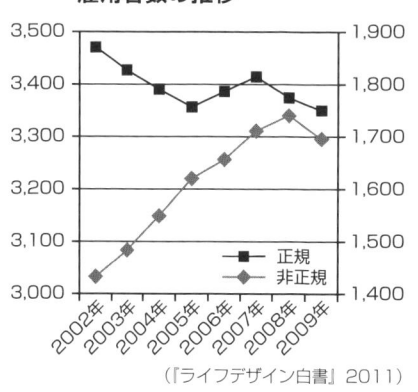

（『ライフデザイン白書』2011）

**図6　子育て世代の所得分布**
**上：20代　下：30代**

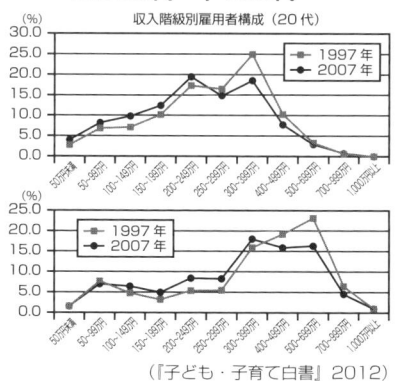

（『子ども・子育て白書』2012）

働くことによって健康で文化的な生活を維持して，生計維持と自己実現，社会的承認を確認することが難しくなっているといえる。その結果，働くことの意味を失ってしまい，世の中で必要とされていないと感じたり，単純な機械の代替労働であると感じたりしてしまうような人が多数出現する厳しい労働状況になっているとも考えられる。

## 3 人生とキャリア

　最近では「キャリア」という言葉が頻繁に目に付くようになった。キャリアと聞くと，「仕事」「職業」「就労」などがイメージとして思い浮かぶのではないだろうか。一般的にキャリアを定義する際には，狭義の意味と広義の意味があるとされている。狭義のキャリアとは，「「職業，職務，職位，履歴，進路」を示し，職業，職務内容，職歴，経歴，またはこれから進むべき進路・方向性であるととらえられている」とされる[9]。これに対して広義のキャリアは，「生涯・個人の人生とその生き方そのものと，その表現のしかた」であると考えられ，近年ではキャリア概念を「個人の人生・生き方とその表現法」であるとし，単なる職業・職務内容・進路にのみ留まらず，全体的・統合的にとらえ，それを「ライフ・キャリア」と呼ぶようになっている[9]。また，アメリカの心理学者でキャリア研究の第一人者D.E.スーパーは，キャリアを役割という少し異なる視点からとらえている。彼によると「（キャリアとは）生涯においてある個人が果たす一連の役割，およびその役割の組み合わせである」とし，ここでの役割とは，「子ども・学生・余暇人・市民・労働者・配偶者・家庭人（ホームメーカー）・親・年金生活者など，多くの人が生涯の中で経験する役割・立場である」[9]と述べている（**図7**）。

　私たちは生涯を通じて，複数の役割を同時にこなしながら生活をしていく。それぞれの役割に費やす時間やエネルギーは各人によって異なってくるが，多くの人は，当事者として同時にこなさなければいけない複数の役割間の葛藤の中で現実の生活を送っている。私たちは複数の役割を同時並行的に実行しなければならない場面で，どのようにバランスを取りつつ生活していくのかが大きな課題となり，どの役割を重視していくかによって

# 第 8 章 キャリアを形成する？＜社会とのつながり＞

**図7　ライフ・キャリアの虹**

状況的決定因：間接的—直接
社会構造，歴史的変化，社会経済的組織・状況，雇用訓練，学校，地域社会，家庭

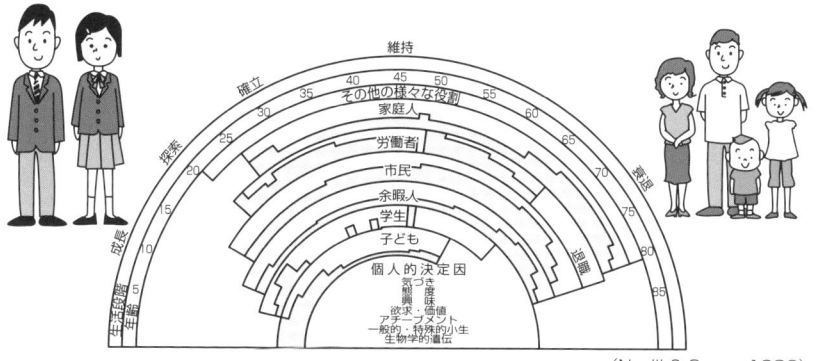

（維持／確立／探索／成長／引退／衰退）
その他の様々な役割／家庭人／労働者／市民／余暇人／学生／子ども

個人的決定因
気づき
態度
興味
欲求・価値
アチーブメント
一般的・特殊的小生
生物学的遺伝

(Nevill & Super, 1986)

### 表1　キャリアカウンセリングの機能と目的

1. ライフ・キャリアに関する正しい自己理解を促す
2. ライフ・キャリアデザイン，キャリアプランなどキャリア開発の支援を行う
3. 職業選択，キャリアの方向性の選択，意志決定の支援を行う
4. キャリア目標達成のための戦略策定の支援を行う
5. キャリアに関するさまざまな情報提供の支援を行う
6. よりよい適応，個人の発達の支援を行う
7. 動機付け，自尊感情の維持と向上の支援を行う
8. キャリア不安・葛藤など情緒的問題解決の支援を行う

その人の生き方や価値観が表れてくる。

　このような役割のバランスの問題や，現代社会の労働をめぐる環境の変化の中で，自らが計画した予定通りに人生や職業生活を送ることは困難になりつつある。だからこそ今後の人生を考える際に，多くの不安を抱えている人も少なくないだろう。さらに，自分のライフ・キャリアに関する情報や選択肢が増えることにより，かえって意思決定に際して悩みや葛藤が生じてしまう場合もある。こうしたライフ・キャリアに関するさまざまな問題を解決するために，最近ではキャリアカウンセラーによる支援が行われるようにもなっている。キャリアカウンセリングとは，ただ単に「個人と仕事をマッチングさせる」ことが目的ではなく，職業選択や人生設計に関して発生する心理面での問題への支援を行うことも含まれている。この

## 表2　職業的発達段階

| 発達段階 | 時期 | 職業的発達課題 | 説　明 |
|---|---|---|---|
| 成長期<br>（0～15歳） | 児童期<br>青年前期 | 自分がどういう人間であるかということを知る。<br>　職業世界に対する積極的な態度を養い、また働くことの意味について理解を深める。 | 一つの役割を果たすこと（しばしば尊敬する大人や友人に自分を同一化する結果として）により、また学校や自由時間、そのほかの活動によって児童は自分は何がうまくやれるか、何を好むか、ほかの人と自分はどんな点で違うかということを理解し、このような知識で自己像というものをつくりあげる。 |
| 探索期<br>（16～25歳）<br>1 試みの時期<br>2 移行の時期 | 青年前期<br>青年中期<br>青年後期<br>成人前期 | 職業についての希望を形づくっていく。<br><br>職業についての希望を明らかにしていく。 | 自分に適切だと思う職業の水準や分野について、おおむね予想を立てていく。<br><br>学校から職場へ、あるいは学校から高等教育機関に移行する。その際おおまかな予想をある一つの選択へとしぼっていく。 |
| 3 実践試行の時期 | 成人前期 | 職業についての希望を実践してみる。 | 暫定的な職業について準備し、またそれを試みることによって、それが生涯にわたる自分の職業となるかどうかを考える。その職業経験はまだ準備的なもので、その経験によって、積極的にその職業を続けるか、ほかの分野に進むかが考えられる。もしほかの分野を考えるようになれば、改めてその他の分野が何であるかとか、その職業に対する方向づけを行っていかなければならない。 |
| 確立期<br>（26～45歳）<br>1 実践試行の時期 | 成人前期から30歳ころまで | 職業への方向づけを確定し、その職業に就く。 | 必要な機能や訓練経験を得て、一定の職業に自分を方向づけ、確立した位置づけを得る。今後起こる職業についての移動は一つの職業内の地位、役割、あるいは雇用場所の変化が主になる。 |
| 2 昇進の時期 | 30歳代から40歳代中期 | 確立と昇進。 | その後経験を積み、配下を得、また能力を高めることによって、その地位を確かなものにし、また昇進する。 |
| 維持期<br>（46～65歳） | 40歳代中期から退職まで | 達成した地位やその有利性を保持する。 | 若年期が、競争が激しく新奇な発想の豊富なのに比べて、この時期は、現状の地位を保持していくことに、より力が注がれる。 |
| 下降期<br>（66歳～　） | 66歳以上 | 諸活動の減退と退職。 | やがてくるかまたは実際に当面する退職にあたって、その後の活動や楽しみを見出すことを考えて実行していく。 |

(Super & Jordaan, 1994より)

## 表3　キャリア形成に必要な五つのスキル

1．好奇心（Curiosity）　：新しい学びの機会を模索せよ
2．持続性（Persistence）：失敗に負けずに努力し続けよ
3．柔軟性（Flexibility）：姿勢や状況を変えよ
4．楽観性（Optimism）　：新しい機会は必ずやってきて、それを自分のものにすることができると考えよ
5．冒険心（Risk-taking）：結果がどうなるか見えない場合でも行動を起こせ

ようなキャリアカウンセリングの機能と目的は8つにまとめられている[9]（**表1**）。キャリアカウンセリングの理論として心理学者スーパーは，人間の発達段階（ライフステージ）とキャリアを関連づけて，五つの段階に区分し，キャリアは生涯にわたって発達し変化していくと考えた[10]（**表2**）。この表からも，キャリアとは私たちが一生を通じて「生きていくこと」であるととらえることができる。

アメリカの心理学者 J.D. クランボルツは，「プランド・ハプンスタンス・セオリー（計画された偶然理論）」を提唱している。この理論は，「偶然に起きる予期せぬできごとからも自分のキャリアは形成され開発されるものであり，むしろその予期せぬできごとを大いに活用すること，偶然を必然化することを我々に勧めている」[9]というものであり，クランボルツはキャリアを形成する過程において，偶然の影響に着目したのである。

偶然のできごとを自分自身のキャリア形成の力に変えていくということは，自らの意思や努力によるものである。偶然のできごとが起こるということも，それ以前に自分自身がさまざまな行動を行っており，その行動によって偶然のできごとが生じたともいえる。つまり，**自らが行動することによって偶然のできごとを積極的に生みだす，または，偶然のできごとに出会うことが大切だということである**。そして偶然のできごとを自分自身のキャリア形成の力に変えるために，五つのスキルが必要であるとしている[10]（**表3**）。ただし，このような理論を理解する中での留意点として，文化的な差異やパーソナリティの個体差などを考慮する必要があるだろう。すべての人が自分に生じたできごとを前向きにとらえていくことができるわけではなく，またその時の自分自身の状況によっても前向きにとらえられるか否かは異なってくると考えられるからである。

## 4 自己決定・自己理解・他者からのフィードバック

私たちは，職業人生だけではなく，企業人であれば定年退職後も，そのほかの職業の人も，多くは労働の一線から退いた後の時間も生活をしていく。人生を生きていく中で，現代社会のように雇用形態の多様化や所得の減少などの経済的要因だけではなく，住居，医療，交通・通信等々，さま

ざまな社会の変化に影響を受け，さらには自己の肉体的，精神的高齢化といった変化にも直面し，その変化に常に適応しながら生活を送っていかなければならない。その際，「本当にこれでいいのだろうか」「別の道もあるのではないか」などという自己の選択・決定についての疑念が生じる。この疑念の発生こそが近代の特徴とされている再帰性によるものであるともいえるが，疑念の出現は，自分のキャリアを形成していく過程において自己決定を非常に難しくさせたり，アイデンティティを危うくさせてしまう可能性を高めることになる。

　だからこそ，現代社会の中で他者とともに生きることや自分自身の人生をデザイン（組み立て，考案，構築）していくためには，社会とともにある自分とその中で主体的に生きざるを得ない自己について，多様に考えを巡らし，さまざまな意見を参考にした上で自分が納得する自己決定をすることが重要になってくると考えられる。自分が納得するということは，諸事情や条件を自分で理解可能な限り考慮した後の自己決定であるので，その決定については一定の自己責任が付随する。私たちは，さまざまな他者との人間関係の中で生きているが，最終的に自分のキャリアを決めていくのは自分自身なのである。

　人生には，多くの場面において何かを選択するという行為と，行為選択の結果については自己が責任を負うという姿勢が必要となってくる。前述したように，人生の中では偶然のできごとも多く存在する。しかし，この偶然のできごとに対して，どのような意味を持たせるのか，そのできごとをどのように自分に活かすかもまた，自分自身の自己決定による。加えて個人の再帰性を基盤とした現代社会では，情報量の多さや価値観の多様化などによって，決断をすること自体が非常にエネルギーを必要とする場合があり，時にはストレスにさえなってしまう可能性もある。しかし，自分の人生の中で後悔を少しでも減らすためにも，若い時期から自分が納得のできる自己決定を行う必要がある。そのため，キャリアカウンセリングの中でも，自らの責任のもとで自分のキャリアについて意思決定ができるように援助していくことが重要であるといえる。とはいえ，ここでいう自己決定とは，ひとたび自己決定した方針を既定方針として，状況の如何にか

かわらず変更することなく遂行するという意味ではない。多くの選択肢の中から決定を迫られた時点で，前述したさまざまな要因とその推測できる結果を比較衡量して自分自身が納得できる選択をすることが大切であり，その後，変更せざるを得ない事態が生じた際には，またその時点で考え，判断をし，このような答えを出せばよいのである。

図8　ジョハリの窓

|  |  | 自分が ||
|---|---|---|---|
|  |  | 知っている私 | 知らない私 |
| 他者が | 知っている私 | A：開放された窓 →フィードバック→ | B：気づかない窓 |
|  | 知らない私 | ↓自己開示↓<br>C：隠している窓 | D：未知の窓 |

　納得のいく「自己決定」を行うためには，「自己理解（自分について明らかにすること）」が必要である。すなわち自己の価値を明確にすること，換言すれば自分の立ち位置を明らかにしておくことである。「自分はどうありたいのか」や「自分は何を大切にして生きているのか」など，自分自身を理解することで，自分が納得のいくキャリアを形成することができると考えられる。自己理解を深める方法には，自分のことを他者に語ること（自己開示）によって自分について改めて知る方法と，他者からフィードバックをもらうという方法がある。一方で自分自身について他者に語り，他方では他者から自分がどのように思われているのかを知るという相互作用を通じて，私たちは自己理解を深めていくことができる。このように自己開示とフィードバックによって自己に気づくということを図式化したものが「ジョハリの窓」である（図8）。

　これはアメリカの心理学者ジョセフ・ラフトとハーリー・インハムによって考案されたモデルで，人の心を四つの窓に分け，この四つの窓の大きさから対人関係の作り方や改善点などを考えることによって自分を理解し，また自分を変えていくための図式モデルである[12]。

　このモデルでは，対人関係において開放された窓（A）が広いと理想的であると考えられている。Aを広げるためにはまず，①Bを小さくするという方法がある。他者からのフィードバックを受け，自分が気づいていない部分を狭くするのである。次に，②Cを小さくする方法がある。自分で

は知っていて,他者には知らせていなかった部分であるCを小さくするには,必要に応じて自己開示や自分から情報を発信することが必要である。このように,他者からのフィードバックや自己開示でBとCの窓を小さくすることによって,Aの窓が大きくなるのである。

　しかしこのような自己開示に関しても,文化的相違や性別による相違があることを忘れてはならない。自己について語ることや他者からのフィードバックをもらうことは,自己を理解するための一つの方法なのである。

　個人の再帰性が特徴となって,その結果自分自身の自己決定が不安定になり,自分自身が揺らいでしまう現代社会の中で,自分の職業人生においてもそれ以外の人生を形成するためにも,その時点で納得のいく自己決定をするためには,自己を知るということは非常に大切な作業である。就職活動の時期が来てからではなく,早い段階から自分は一体何者なのか,自分がどのように生きていきたいのかを考えることは,自分を知ることにもつながり,ひいては自分の人生(キャリア)をデザインするために役立つといえる。

(米田朝香)

<引用文献>
1) 濱嶋朗・竹内郁郎・石川晃弘編『社会学小辞典　新版増補版』有斐閣,2005
2) (公財)日本生産性本部・(社)日本経済青年協議会「平成23年度新入社員(2,154人)の"働くことの意識"調査結果」2011
3) 吉川徹『学歴分断社会』ちくま新書,2009
4) アンソニー・ギデンズ著,松尾精文・小幡敏訳『近代とはいかなる時代か?―モダニティの帰結―』而立書房,1999
5) 浅野智彦編『考える力が身につく社会学入門』中経出版,2010
6) 加藤寛監修・第一生命経済研究所編『ライフデザイン白書2011　表とグラフでみる日本人の生活と意識の変化』ぎょうせい,2010
7) 総務省総務局「労働力調査」,2012
8) 内閣府『平成23年度版子ども・子育て白書』2011
9) 宮城まり子著『キャリアカウンセリング』駿河台出版社,2002
10)『キャリアカウンセラー養成講座　テキスト3　キャリアカウンセリングの理論』日本マンパワー
11) 宮下博一・杉村和美著『大学生の自己分析―いまだ見えぬアイデンティティに突然気づくために』ナカニシヤ出版,2008
12) 植村勝彦・松本青也・藤井正志著『コミュニケーション学入門―心理・言語・ビジネス―』ナカニシヤ出版,2000

第9章
# 結婚がゴール？
自分の家族と自分がつくる家族

そして自分が
いのちを生み出す
側になる

# 1 結婚とは

　私たちは結婚に対してどのようなイメージを持っているだろうか。何歳までには結婚して，何歳までには子どもを産みたい，または子どもを何人くらいは欲しいといった漠然とした未来像を描いている人もいるだろう。逆に，自分の育った家庭への不満から，家庭や家族に対してあまり良いイメージが持てない人もいるであろう。最近では芸能人の結婚のニュースや本人のブログなどを通じて，さまざまな人の結婚観に触れることもできる。そこで以下では，現代社会における結婚について考える上でポイントとなるいくつかの問題を提起する。望月（1999）は，結婚には以下の四つの要素が含まれているとしている。

　①社会的に承認された男女の性関係であること
　②その結合関係には一定の権利義務が伴うこと
　③継続性の観念に支えられた関係であること
　④全人格的関係であること

　これらの要素を持つ男女の結びつきを夫婦と呼び，その他の男女関係とは異なる関係であるとしている。しかし，これら四要素を備えていれば，二人は結婚しているというわけではない。**わが国では，法律上結婚が可能なのは，民法により男性は18歳以上，女性は16歳以上と定められており，未成年の婚姻は父母の同意を得なければならない。**また，重婚の禁止や，女性は原則として離婚から6か月を経過した後でなければ再婚をすることができない（前夫との間で妊娠の可能性があり，出生した子どもの父親を確定する必要があるため。ただし例外もある）などが定められている。

　結婚に至るには，社会的な承認を得るための手続きが必要となる。望月（1999）は結婚における社会的承認として，「慣習による承認（結婚式）」と「法による承認（婚姻届）」に区分している[1]。現在の日本では，慣習による承認（結婚式）よりも法による承認（婚姻届）が重視され，婚姻届が提出されていれば，結婚式を挙げるなどの儀式を行っていなくとも夫婦として認められる。下開（2001）は，結婚による社会的承認を**表1**にまとめている[2]。

### 表1 結婚における社会的承認

| | 結婚における社会的承認 | |
|---|---|---|
| | 法による承認（婚姻届） | 慣習による承認（結婚式など） |
| 一般的な結婚 | ○ | ○ |
| 式なし婚 | ○ | — |
| 事実婚（同棲） | — | — |
| 内縁 | — | ○ |

（下開, 2001）

### 表2 結婚の機能

| | 個人に対する機能 | 社会に対する機能 |
|---|---|---|
| 1 | 性的欲求の充足 | 性的秩序の維持 |
| 2 | 子どもをもつ欲求の充足 | 社会成員の補充 |
| 3 | 社会的な地位の付与 | 社会的な結合の拡大 |

（米田, 2012）

望月（1999）は，結婚は個人に対してのみならず社会に対しても重要な機能を持っているとし，それらを三つに区分している（**表2**）。この表からもわかるように，結婚は男女間の個人的な関係だけではなく，社会にとっても重要な機能を果たしているといえる。

## 2 結婚観の変遷

結婚観の変遷として，近代に入っての一番大きな変化は配偶者の決め方である。**図1**は，恋愛結婚と見合い結婚の割合を示している[3]。戦前から戦後20年ほどは見合い結婚が主流であったが，1960年代後半には見合い結婚と恋愛結婚の割合がほぼ同じになり，それ以降逆転していることがわかる。現在の結婚の主流は恋愛結婚であり，2005年の調査では見合い結婚の割合は6.2%にまで下がっている。

### 図1 恋愛結婚と見合い結婚の割合の経年変化

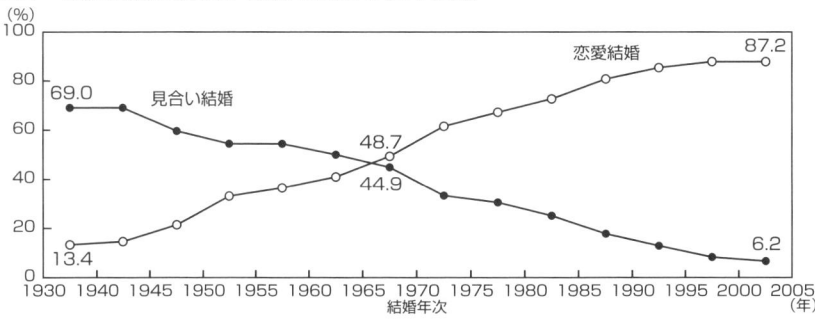

（国立社会保障・人口問題研究所「第13回出生動向基本調査（夫婦調査）」2005）

表3 平均出会い年齢，平均初婚年齢，平均交際期間

| 調査年次 | | 恋愛結婚 | | 見合い結婚 | |
|---|---|---|---|---|---|
| | | 1987年 | 2005年 | 1987年 | 2005年 |
| 夫 | 平均出会い年齢 | 24.1 | 24.6 | 30.2 | 34.3 |
| | 平均婚約年齢 | 26.6 | 28.0 | 30.6 | 34.8 |
| | 平均初婚年齢 | 27.3 | 28.6 | 30.9 | 35.3 |
| 妻 | 平均出会い年齢 | 21.6 | 23.0 | 26.3 | 30.3 |
| | 平均婚約年齢 | 24.1 | 26.5 | 25.6 | 30.8 |
| | 平均初婚年齢 | 24.7 | 27.1 | 27.0 | 31.3 |
| 平均交際期間（年） | | 3.1 | 4.1 | 0.7 | 1.0 |
| 平均婚約期間（年） | | 0.64 | 0.62 | 0.39 | 0.49 |

図2 夫婦が出会ったきっかけの推移

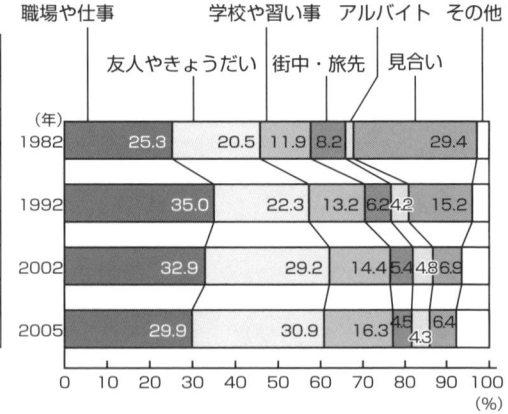

| (年) | 職場や仕事 | 友人やきょうだい | 学校や習い事 | 街中・旅先 | アルバイト | 見合い | その他 |
|---|---|---|---|---|---|---|---|
| 1982 | 25.3 | 20.5 | 11.9 | 8.2 | | 29.4 | |
| 1992 | 35.0 | 22.3 | 13.2 | 6.2 | 4.2 | 15.2 | |
| 2002 | 32.9 | 29.2 | 14.4 | 5.4 | 4.8 | 6.9 | |
| 2005 | 29.9 | 30.9 | 16.3 | 4.5 | 4.3 | 6.4 | |

　**表3**からは，初婚時の男女平均年齢の変化を見ることができる[4]。2005年になると，恋愛結婚の場合も見合い結婚の場合も，夫と妻の初婚時の平均年齢は18年前である1987年に比べ高くなっていることがわかる。

　これは，平均初婚年齢だけに限らず，すべての点で上昇している。特に女性の恋愛結婚の場合，平均初婚年齢は2歳4か月高くなっている。一方交際期間については恋愛結婚の場合の平均は4年強であるのに対して，見合い結婚の場合は平均1年強で結婚に至っていることがわかる。見合い結婚の場合，2005年では男性が34.3歳，女性で30.3歳と，出会う年齢がそもそも恋愛結婚に比べて遅いこと，かつ，もともと男女ともに結婚をする意志がありお見合いをしていると考えられることから，恋愛結婚の場合とは異なり，交際期間が短いと考えられる。

　出会いのきっかけとしては，2002年までは，「職場や仕事で」が最も多かったのに対して，2005年での調査では，「友人やきょうだいを通じて」が増加しているなど，男女の出会い方にも変化がみられる（**図2**）。

## 3 未婚率の上昇

　「生涯未婚　男性2割突破」という記事が2012年5月1日の読売新聞に掲載された[5]。生涯未婚率（50歳時点で一度も結婚したことがない人の割合）が，2010年度の調査で男性が20.1％，女性が10.6％となり，初めて男

第 9 章 結婚がゴール？＜自分の家族と自分がつくる家族＞

性が 2 割台に，女性が 1 割台に達したことがわかったのである。

また，年齢別の未婚率の推移を見ても，結婚をしない人の割合が増加傾向にあり，このことは現代社会の大きな特徴であるといえる（**図3**）。

しかし，未婚者を対象とした「将来結婚したいと思うか」という問いには，「将来結婚したい」（「すぐにでも結婚したい」「2～3年以内に結婚したい」「いずれは結婚したい」

図3　生涯未婚率

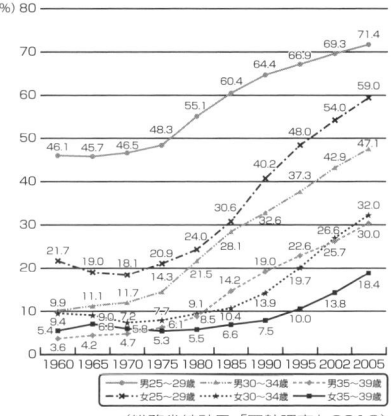

（総務省統計局「国勢調査」2010）

の和）と考えている人の割合は，男性で83.2％，女性では89.6％と，男女ともに8割以上となっている[6]（**図4**）。この結果から，大半の男女が結婚をしたいと考えていることがわかる。**ではなぜ，8割以上の男女がいずれは結婚したいと考えているにもかかわらず，今までに結婚をしていないのだろうか。**

その理由として，男女ともに「適当な相手に巡り会わないから」が最も多く，男性で55.0％，女性では58.2％となっている。ついで，女性の理由としては「自由や気楽さを失いたくないから」31.6％，「必要性を感じないから」25.7％と，一人のスタイルを崩したくないという思いが強いことがわかるのに対して，男性の理由として二番目に多かったものは，「結婚後の生活資金が足りないから」38.6％，三番目に「結婚資金が足りないから」33.1％となっている。この結果から，男性は，経済的な理由が原因となり結婚に至っていないケースが多いと推測できる（**図5**）。

平成24年度版子育て白書によれば，実際，年収が300万円未満の男性の既婚率は20代で8.7％，30代で9.3％と急激に落ち込んでいることがわかる[7]（**図6**）。この結果からも，経済的な問題が，晩婚化や未婚化の要因となっていると考えられる。とはいえ，このような経済的な問題は晩婚化や未婚化の一因でしかなく，ほかにも女性の社会進出やライフスタイルの変化などさまざまな要因が考えられる。私たちが生きている現代社会におけ

### 図4 将来結婚したいか

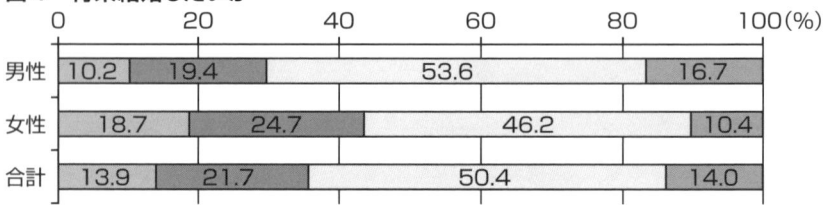

| | すぐにでも結婚したい | 2〜3年以内に結婚したい | いずれは結婚したい | 結婚するつもりはない |
|---|---|---|---|---|
| 男性 | 10.2 | 19.4 | 53.6 | 16.7 |
| 女性 | 18.7 | 24.7 | 46.2 | 10.4 |
| 合計 | 13.9 | 21.7 | 50.4 | 14.0 |

### 図5 今までに結婚をしていなかった理由

- 適当な相手に巡り会わないから
- 自由や気楽さを失いたくないから
- 結婚後の生活資金が足りないと思うから
- 必要性を感じないから
- 結婚資金が足りないから
- 趣味や娯楽を楽しみたいから
- 異性とうまくつきあえないから
- 仕事（学業）に打ちこみたいから
- まだ若すぎるから
- 仕事が忙しすぎるから
- 住宅のめどが立たないから
- 親や周囲が同意しないから
- その他

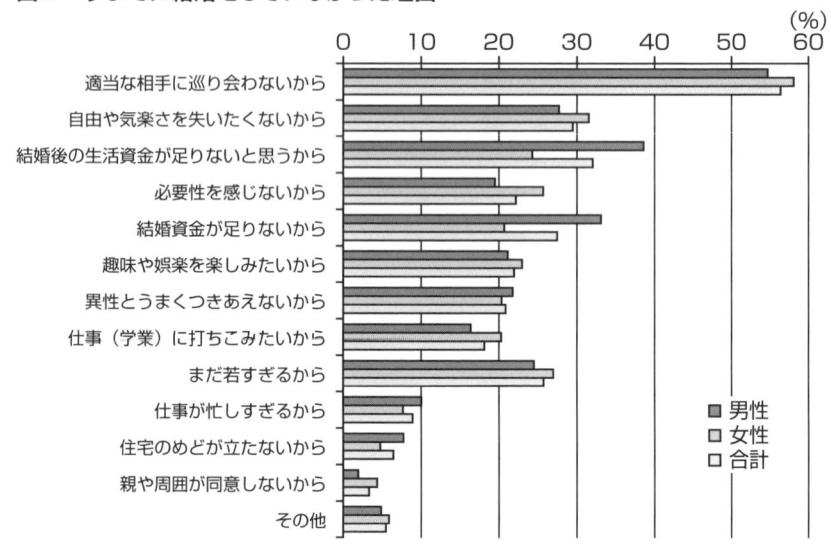

（男性／女性／合計）

### 図6 既婚者の割合（男性・年収階層別）

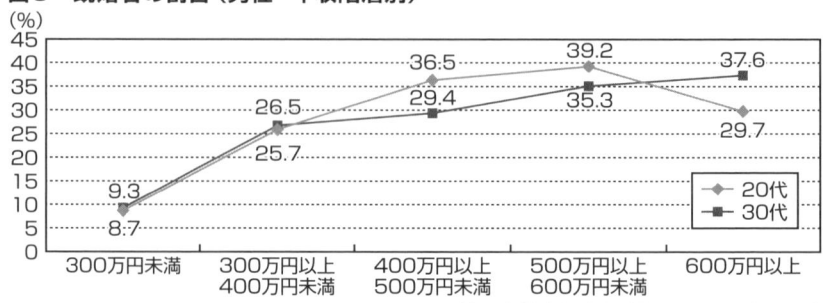

| 年収 | 20代 | 30代 |
|---|---|---|
| 300万円未満 | 9.3 | 8.7 |
| 300万円以上400万円未満 | 26.5 | 25.7 |
| 400万円以上500万円未満 | 36.5 | 29.4 |
| 500万円以上600万円未満 | 39.2 | 35.3 |
| 600万円以上 | 29.7 | 37.6 |

（内閣府「結婚・家族形成に関する調査」2011）

る結婚は，恋愛結婚が主流化している状況からもわかるように，相互の愛情に基礎を置き，自分の意志で自由に結婚相手を選択できる環境にある，いわば個人の意志中心のように見えているにもかかわらず，他面では，社会の影響を大きく受けているということもわかる。

また，男女とも結婚に至っていない理由で最も多かった「適当な相手に巡り会わないから」という回答から，近代社会の特徴とされている再帰性が関係しているとも考えられる。なぜなら，**男女の恋愛関係においても，「もっとほかに良い人がいるのではないか」という態度を持ってしまう結果，結婚を決断できず，晩婚化や生涯未婚につながっている可能性もある**。

加えて，現代社会の特徴的傾向として，法律婚によらない事実婚を選択することの意味についても今後は考えていく必要が出てくるであろう。事実婚の意味と法律婚との差異を自らの問題として考えていくことは，私たちが結婚という社会関係の構築に何を求めているのかという問題にもつながると考えられるからである。

## 4 家族とは

森岡（1999）は「家族とは夫婦・親子・きょうだいなど少数の近親者を主要な成員とし，成員相互の深い感情的かかわりあいで結ばれた，幸福（well-being）追求の集団である」[1]と定義している。家族は伝統的には，私たちが誕生後，主に母子関係を中心として社会全体に共通した規範や行動様式などを習得する第一次社会化を行うために非常に重要な社会集団であり，社会の中の最も基本的な単位である。

ドイツの社会学者テンニースは，社会集団を「ゲマインシャフト（独：Gemeinschaft，共同体の意）」と「ゲゼルシャフト（独：Gesellschaft，社会の意）」に分類した。ゲマインシャフトとは，他者と情緒的に融合して共同生活を送ろうとする本質意志から生じる集団で，全人格的な結び付きを特徴とする集団であるとしている。人々は時には反発することがあるとしても，本質的には結合しており，簡単にはその結合を切り離すことができない，切り離されない集団である。この集団を代表するのは家族である。これに対して，ゲゼルシャフトとは，何らかの目的を達成するために

共同で生活しようとする選択意志から形成される集団であり，契約的な結びつきを特徴とし，不都合になれば外れる，外されることができる集団である。

ゲマインシャフトとゲゼルシャフトの相違から，家族とは，他のメンバーと情緒的，全人格的な関わり合いによって結合している集団であるということができる。ところが近年，このような家族集団は形態面や機能面において大きく変化している。

家族集団の形態面の変化としては，核家族の増加がある。森岡（1999）によれば，核家族とは，夫婦とその（未婚の）子からなる家族であり，夫婦・母子・父子の三つの関係がセットになっていて，これにきょうだい関係が追加されても良いとされている[1]。親夫婦を中心として核家族をとらえる場合（夫・妻・子）は，生殖家族や結婚家族と呼ばれる。また，子どもからみて核家族をとらえる場合（父・母・きょうだい）には，定位家族または原家族と呼ばれている。また，家族構成を基準とした家族の形態は三つに分類することができる。まず夫婦とその未婚の子どもからなる家族的核が一つの場合は「夫婦家族（核家族）」と呼ばれ，夫婦と一人の既婚の子どもとその配偶者および彼らの子どもからなる場合を「直系家族」，そして夫婦と複数の既婚の子どもとその配偶者および子どもからなる場合を「複合家族」と呼んでいる。このように，家族の構成に注目して三つに分けられてはいるが，実際には夫婦家族には夫婦のみの家族や母子のみといった家族もあるなど，家族形態も多様化している。

家族機能の変化としては，産業化に伴って家族の機能は縮小したといわれている。例えば，産業化以前は家族は経済的生産の単位であったが，**今日では家族と職場が分離したことによって家族は消費活動の単位となった。**社会の分業化に伴い，それまでは家族が担っていた経済的生産機能は企業に吸収されるなど，家族が果たしてきた機能に変化が生じたのである。このように，産業化以降家族機能は外部に吸収される，すなわちアウトソーシングされることで減少したが，その中でもアメリカの文化人類学者J.P.マードックは，核家族の機能としては①性的機能，②経済的機能，③生殖的機能，④教育的機能があるとしている。また T.パーソンズは，家

族集団に共通して残る基本的かつ不可欠な機能として，①子どもの第一次社会化，②成人のパーソナリティの安定化，の二つを挙げている。しかし，これら両者が挙げている核家族の機能は，家族の中で子どもが誕生することを前提としている。現代社会のように，子どもを産まない夫婦や，産むことができない夫婦が増加傾向にある場合，マードックのいう「生殖機能」やパーソンズのいう「子どもの第一次社会化」の機能は果たされることがなくなる。その結果，パーソンズの挙げた核家族の機能では「成人のパーソナリティの安定化」のみが残ることになる。子どもを産み社会化させるという機能がなく，成人のパーソナリティの安定化だけが家族としての機能であるとするならば，必ずしも男女が結婚という形を取って家族になる必要がなくなるとも考えられる。このように，現代の家族はこれまでの伝統的な家族をイメージしていては説明ができず，形態も機能も大きく変化しているのである。

　さらに家族集団の個人化という変化も生じている。家族集団の個人化とは，生活の内部，外部においても成員の個人的な活動領域が形成されるようになったことである。外部化された機能を求めて家族外での生活に多くの時間を費やす傾向が強まるにつれて，**家族内での役割を遂行すること以上に個人的な活動が増大し，家族の都合よりも自己実現を優先させていくようになってきた**。つまり個人化によって家族集団にゆらぎが生じ，家族機能の遂行が困難な状況となり，別居や離婚といった危機的状況に陥る可能性も高まると考えられる。結果として家族成員に多くのストレスをもたらすことにもつながる。

## 5 家族とストレス

　ホームズ（Thomes h. Holmes）とレイ（Richard H. Rahe）による人生の中で生じるできごと（ライフイベント）に適応する際にかかるストレスの度合い（社会的再適応尺度）についての調査結果によると，上位には「配偶者の死」「離婚」「夫婦別居」「近親者の死亡」など，家族の危機に関するできごとが位置づけられている（40ページ参照）。このように，家族関係を維持する中で生じるストレスには，離婚のような危機的状況に伴っ

図7 ABC-Xモデル

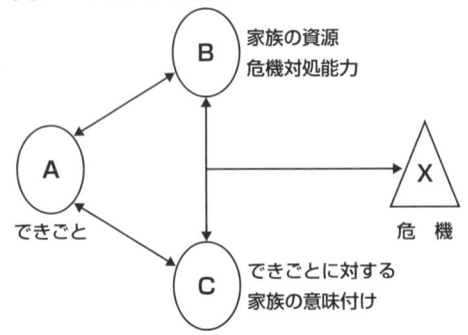

B 家族の資源 危機対処能力
A できごと
X 危機
C できごとに対する家族の意味付け

て生じるストレスと、他方、夫婦間に会話がない場合や子どもとの関係がうまく築けない等、日常の生活の中で慢性的に存在していながらも、解決が難しい問題によるストレスも存在している。

こうした家族に関する危機発生とその適応に関する有名なモデルとして、アメリカの家族社会学者ヒル（Hill, R. 1949）が提唱した「ABC-Xモデル」や「ジェットコースター・モデル」が知られている。ABC-Xモデルとは、第二次世界大戦に出征した兵士の家族を対象に、兵士との離別と帰還による家族の再統合の過程と、危機発生についての関連を示したモデルである（図7）。

Aはストレス源となるできごと、Bは家族が持つ対応資源、Cはできごとに対する家族の意味付け、Xは危機を表している。つまり、「A要因（ストレスとなるできごとの種類、あるいはそれがもたらす困難性）はB要因（家族の危機対応資源）と相互作用し、またC要因（家族がそのできごとに対してもつ意味付け）と相互作用して、X（危機状況）をもたらす」というものである[8]。

ヒルはA要因を、①家族の外側で起きるできごと、②家族の内側で起こるできごと、の二つに分類している。①は戦争や自然災害など家族外部の力によって生じるできごとであるため、長期的には家族を団結させる方向に働くとされている。②は、病気や怪我、不和など家族内部の問題によって生じるため、家族の混乱を招くとされている。

このモデルの特徴は、ストレスとなるできごと（A要因）が直接的に危機状況（X）をもたらすとは考えない点にある。すなわち、類似のできごとが生じても、家族によって衝撃や回復の時間に違いがあったことから、その違いを説明するためにA要因とXとの間にB要因とC要因という2つの要因を媒介的変数として介在させたのである。衝撃を受けても、その

家族に危機対応資源（B要因）が豊富に備わっていれば，危機を防ぐことができると考えられている。B要因とは，①家族メンバーの個人的な資源（経済力・教育・健康・性格など），②家族の適応能力や凝集性，過去に危機を乗り切った経験，③親族や周囲の人々など外部から提供される社会的な支援，④ストレスへの対処のしかた，などが含まれている[1]。C要因とは家族メンバーがそのできごとをどのようにとらえるかという認知的要因のことである。つまり，ストレスとなるできごとが直接家族の危機となるのではなく，危機に対応する資源の有無や，そのできごとを家族メンバーが危機であるとみなすか否かによって，危機の顕在化が決まるのである。

ABC-Xモデルとともに提唱された危機への適応を説明するモデルが「ジェットコースター・モデル」である（**図8**）。これは「集団（組織体）としての家族が危機に遭遇した際に，組織解体（disorganization）→回復（recovery）→再組織化（reorganization）という経過をたどって適応していく過程」を示したものである[8]。

**図9**の横軸は，時間の経過，縦軸は家族の組織化の水準を示している。家族になんらかの危機状況が生じると，組織化水準は低下し，その後上昇に転じる。再組織化の水準は，危機が生じる前の家族組織の水準より低くなる場合もあれば，高くなる場合もある。ヒルは，アメリカアイオワ州の出征兵士116家族の調査から，それぞれの家族の適応過程をたどり，パターン化しまとめている（**図10**）。

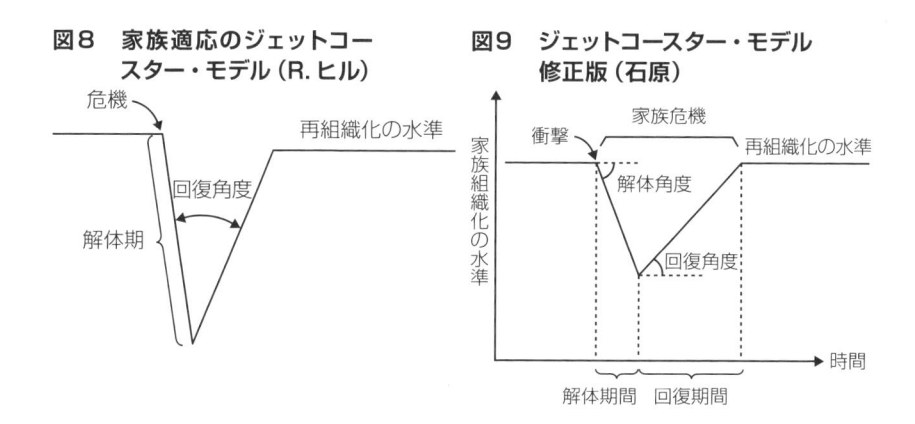

**図8　家族適応のジェットコースター・モデル（R.ヒル）**

**図9　ジェットコースター・モデル修正版（石原）**

**図10 順応の類型別一覧**

| 離別への順応類型 | 離別への順応経過のプロフィール | | | | | その他の特殊経過 | 計 |
|---|---|---|---|---|---|---|---|
| 良好かつ速い順応 家族数 | 34 | 8 | 6 | 6 | 2 | 8 | 64 |
| 良好かつ緩慢な順応 家族数 | 17 | | 2 | | 5 | 1 | 25 |
| そこそこの順応 家族数 | 16 | 2 | 2 | | | 1 | 21 |
| 順応不良 家族数 | 4 | 2 | | | | 0 | 6 |

(R. Hill, 1949より)

　将来，私たちの中でも大半の人が自分の新たな家族（生殖家族）を築くであろう。家族となって生活を送っていく中でも，どのような危機が生じるかは予測不可能なことが多い。しかし，危機的状況が発生したとしても，ヒルのモデルにあるように，家族に危機対応資源が備わっていたり，さらに危機事態への意味付けを家族が共同で行うことによって家族および成員の危機的状況が防げると考えられる。近代社会の特徴でもある人々の再帰性が原因となって家族になんらかの危機的事態が訪れたとしても，事態が起きる以前の家族組織よりも事後の家族関係をより良く再組織化していくことが必要である。そのためには，「家族とは何か」を今から十分に考えておくべきである。

(米田朝香)

--------------------------------------------------

＜引用文献＞
1) 森岡清美・望月嵩共著『新しい家族社会学　四訂版』培風館，1997
2) 下開千春「現代女性の結婚式に対する意識と実態」『LDI Report　通号126』ライフデザイン研究所，2001
3) 加藤寛監修・第一生命経済研究所編『ライフデザイン白書2011—表とグラフでみる日本人の生活と意識の変化』ぎょうせい，2010
4) 湯沢雍彦・宮本みち子『新版データで読む家族問題』日本放送出版協会，2008
5) 読売新聞2012年5月1日朝刊
6) 内閣府『平成22年度　結婚・家族形成に関する調査報告書』
7) 内閣府『平成24年版　子ども・子育て白書』
8) 石原邦雄著『家族のストレスとサポート　改訂版』放送大学教育振興会，2008

## 第10章
# 一人称の死？
### 自分自身のいのちを考える

死んだら動かない。
誰でも死ぬ。
そして生き返らない

# 1 現代日本の死亡率と死亡原因

**日本では1年間にどのくらいの人が亡くなっているのだろうか？**

　2011年度においては，推計で1,261,000人が亡くなっている[1]（図1）。その死因を見ると，最も多いものががんであり，ついで心臓病，脳卒中の順となっている[2]（17ページ参照）。がんは1980年（昭和56）から死因のトップとなり，それ以来一位を継続している。

　現代は約三人に一人ががんで亡くなる時代であり，そのため近年，終末期医療，特に末期がん患者に対する医療のあり方についての研究が盛んに行われるようになっている。そして，末期の患者が残された時間をより主体的に，よりよく生きるためにQOL（生活の質）を向上させる終末期医療（ターミナルケア）の重要性が認識されるようになってきた。

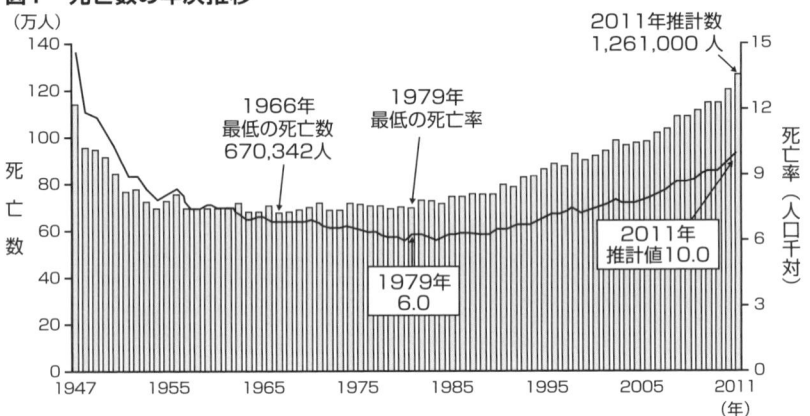

**図1　死亡数の年次推移**

# 2 ホスピスとは

　ホスピスは終末期医療を行う施設を指し，1967年にイギリス人医師シシリー・ソンダース（1918-2005）が開設した聖クリストファー・ホスピスが始まりであると言われている。日本では，1981年に浜松の聖隷ホスピス，1984年に大阪の淀川キリスト教病院ホスピスが開設された。日本ホスピス・緩和ケア研究振興財団によると，日本全国には現在244施設，4,836

床の緩和ケア病棟が存在し（2012年2月現在），年々増加している[3]）。

このように，終末期医療を専門とするホスピスや緩和ケア病棟が少しずつ増加している現状ではあるが，実際にがん患者が最期を迎えている施設としてはその大部分が一般病棟であり，緩和ケア病棟は全体の7.4%にとどまっていることがわかる[4]（**図2**）。

日本では，「ホスピスケア」と「緩和ケア」という言葉はほぼ同義語として使われている。緩和ケアについてはWHO（世界保健機関）が2002年に定義をしており，日本ホスピス・緩和ケア協会によると以下である。

「（緩和ケアとは）生命を脅かす疾患による問題に直面している患者とその家族に対して，痛みやその他の身体的問題，心理社会的問題，スピリ

**図2　がん患者の死亡場所**

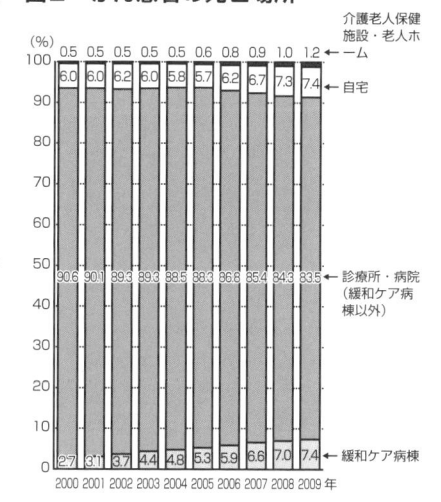

| 年 | 介護老人保健施設・老人ホーム | 自宅 | 診療所・病院（緩和ケア病棟以外） | 緩和ケア病棟 |
|---|---|---|---|---|
| 2000 | 0.5 | 6.0 | 90.6 | 2.7 |
| 2001 | 0.5 | 6.0 | 90.1 | 3.1 |
| 2002 | 0.5 | 6.2 | 89.3 | 3.7 |
| 2003 | 0.5 | 6.0 | 89.3 | 4.4 |
| 2004 | 0.5 | 5.8 | 88.5 | 4.8 |
| 2005 | 0.6 | 5.7 | 88.3 | 5.3 |
| 2006 | 0.8 | 6.2 | 86.8 | 5.9 |
| 2007 | 0.9 | 6.7 | 85.4 | 6.6 |
| 2008 | 1.0 | 7.3 | 84.3 | 7.0 |
| 2009 | 1.2 | 7.4 | 83.5 | 7.4 |

**表1　緩和ケアの内容**

- 痛みやその他の苦痛な症状から解放する
- 生命を尊重し，死を自然の過程と認める
- 死を早めたり，引き延ばしたりしない
- 患者のためにケアの心理的，霊的側面を統合する
- 死を迎えるまで患者が人生を積極的に生きてゆけるように支える
- 家族が患者の病気や死別後の生活に適応できるように支える
- 患者と家族—死別後のカウンセリングを含む—のニーズを満たすためにチームアプローチを適用する
- QOLを高めて，病気の過程に良い影響を与える
- 病気の早い段階にも適用する
- 延命を目指すそのほかの治療による苦痛や合併症状をよりよく理解し，管理する

（柏木哲夫『いのちに寄り添う。—ホスピス・緩和ケアの実際』2008より）

チュアルな問題を早期に発見し，的確なアセスメントと対処（治療・処置）を行うことによって，苦しみを予防し，和らげることで，QOLを改善するアプローチである。」[3]（**表1**）

　緩和ケアは，延命を目的とするのではなく，回復の見込みのない患者の末期の身体的苦痛を軽減し緩和することや，精神的な平穏を支えることによってQOLを向上することをその役割としていて，こうしたケアの考え方を実践する「場」がホスピスであるとされている[5]。WHOの定義にもあるように，ホスピスケアは患者だけではなく，その家族も対象としている。またホスピスケアを受けられる場所は，医療機関だけではなく自宅も含まれる。そしてホスピスケアは医師や看護師，ソーシャルワーカーなどからなるチームによって行われているのである。

　現在では，自宅でもホスピスケアが受けられるようにはなってきているが，在宅で死を迎えるためには，「本人の希望」「家族の姿勢」「在宅ケアを支えるシステム」の三つがクリアされていなければ難しいのが現状である[5]。

　**図3，図4からは，治癒の見込みがなく死期が近い場合，全体では約8割の人が最期は自宅で過ごしたいと考えていることがわかる。**しかし，自宅で過ごしたいが現実には難しいと思っている人が55.1%と，実現可能だと考えている人に比べると圧倒的に多くなっている。自宅で過ごしたいが難しいと考えている人や，自宅で過ごしたくない人の理由として最も多かったのは「家族に迷惑や手間を掛けるから（全体では84.6%）」であった。そして，最期を自宅で過ごすという願いが叶うために重要だと思う条件の上位には，「介護してくれる家族がいること」「家族の理解があること」など家族の体制や姿勢に関するものが挙げられている[6]。このように，たとえ本人が最期の場所を自宅として望んでいても，家族の諸事情や医師の往診可能性の有無，訪問看護体制の整備の有無等々，解決しなければならない課題が多く，現状は自宅で最期を迎えることはまだまだ難しいといえる。しかし，患者にとって自宅で最期を迎えたいという想い，願望がある場合には，その想い，願望が少しでも実現できるような体制の構築が必要となってくるだろう。

第10章 一人称の死?＜自分自身のいのちを考える＞

**図3　治る見込みがなく，死が近い場合，終末期を過ごしたい場所**

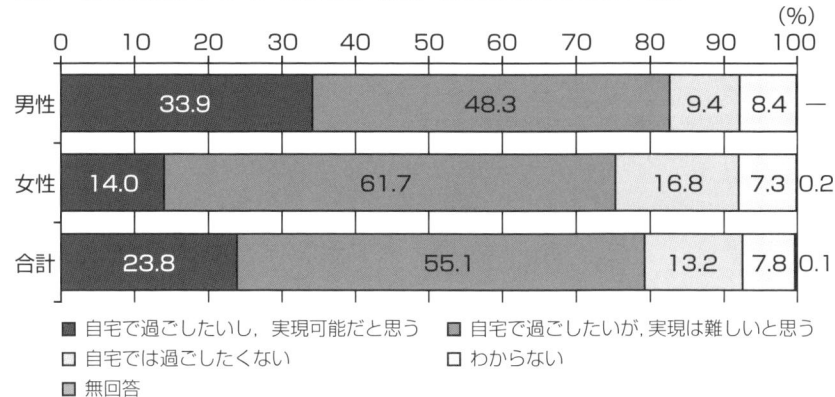

| | 自宅で過ごしたいし，実現可能だと思う | 自宅で過ごしたいが，実現は難しいと思う | 自宅では過ごしたくない | わからない | 無回答 |
|---|---|---|---|---|---|
| 男性 | 33.9 | 48.3 | 9.4 | 8.4 | — |
| 女性 | 14.0 | 61.7 | 16.8 | 7.3 | 0.2 |
| 合計 | 23.8 | 55.1 | 13.2 | 7.8 | 0.1 |

（小谷みどり「ホスピスの現状〜在宅ホスピスの可能性」2002）

**図4　終末期を自宅で過ごせない，あるいは過ごしたくない理由**

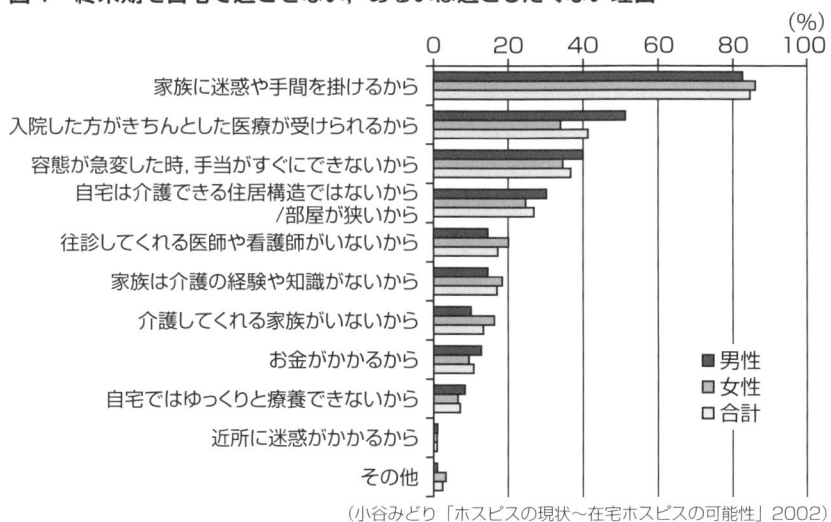

| 理由 | 男性 | 女性 | 合計 |
|---|---|---|---|
| 家族に迷惑や手間を掛けるから | | | |
| 入院した方がきちんとした医療が受けられるから | | | |
| 容態が急変した時，手当がすぐにできないから | | | |
| 自宅は介護できる住居構造ではないから/部屋が狭いから | | | |
| 往診してくれる医師や看護師がいないから | | | |
| 家族は介護の経験や知識がないから | | | |
| 介護してくれる家族がいないから | | | |
| お金がかかるから | | | |
| 自宅ではゆっくりと療養できないから | | | |
| 近所に迷惑がかかるから | | | |
| その他 | | | |

（小谷みどり「ホスピスの現状〜在宅ホスピスの可能性」2002）

## ❸ QOD—Quality of Dying "死の質"

　日本でもホスピスそのものやホスピスケアの重要性が浸透しつつあるが，他方では，「死が間近に迫った時には「生」に対する前向きな姿勢を問う QOL よりも，安らかな死を求める QOD（Quality of Dying and/or Death：死の質）がより重要になる」[7] という考え方も近年現れてきた。袖井（2007）は，最近になって「ほとんど効果のない延命治療を続けることで患者に苦痛を与えるよりも，患者にも家族にも満足感を与えるような質の高い死が求められるようになってきた」と述べている。

　「終末期における QOL は，現在の心身状態や基本的なニーズの充足度，および過去を振り返って，満足すべき人生であったか否かを判定するものであり，死を目前にしながらも生きることに焦点を合わせている。これに対して QODD（Quality of Dying and Death）は，死が患者の期待や価値観に合致したものであるか否かを主観的に評価する」[7] ものであるとしている。そして袖井（2007）は QOD を捉えるための試論として，QOD を構成する三つの要素を挙げている（**表2**）。患者が死にゆく過程において，これらの要素（「終末期ケア」「患者の状態」「環境条件」）を患者や家族の価値観や期待と照合し，満足ができたかどうかの評価によって QOD をとらえようと試みているのである。

　私たちが，「**自分自身の死＝一人称の死**」をどのように受け入れていくのかということについての研究を行った人物に，エリザベス・キューブラー・ロス（1926-2004）がいる。彼女は不治の病で死に瀕している患者200人以上を対象としてインタビュー調査を実施し，最も有名な著書『死ぬ瞬間』の中で，終末期の患者が死を受容するまでの段階を五つに分け明らかにしている[8]。

　第一段階として現れるのは，「否認と孤独」であり，少なくとも部分的な否認はほとんどすべての患者に見られたとしている。否認を維持することができなくなると，第二段階として「怒りや激情，妬み，憤慨」といった感情が表出する。これは「どうして私なのか」という思いで，怒りの段階は家族やスタッフにとって対応が難しい。そして第三段階は「取引」を

**表2　QODの構成要素**

①終末期ケア
　病名の告知
　インフォームド・コンセント：治療方法に関する知識と理解および同意
　望んだ治療方法
　医療者との関係：コミュニケーションと信頼
②患者の状態
　身体的状態：病状や痛みのコントロール，嚥下，呼吸
　心理的状態：人生を振り返っての満足感や達成感，死の受容
　経済状態：医療費，遺される家族の経済生活
　家族関係：家族と過ごす時間，コミュニケーションと信頼
　死への準備：遺言，遺産相続，葬式，墓
③環境条件
　物的環境：望んだ場所か（自宅，病院，施設），病室の快適さ，家族と過ごせる場所，建物を取り巻く環境
　社会制度：医療サービス，福祉サービス，医療費や介護費用に対する公的私的保険

　試みる段階であり，第一，第二段階と比較しそれほど顕著ではないが，死をできるだけ先延ばしにするための交渉の段階であるとしている。第四段階としては，自分の病気が否定できなくなると，無気力さや怒りは，大きな喪失感となって「抑鬱」状態になり，最後には第五段階である受容に達するが，受容を幸福な段階と誤認するのではなく，感情がほとんど欠落した状態であるとしている。そしてこの時期は，患者の家族に多くの支援が必要になるとも述べている。しかし，すべての終末期の患者にこのような死の受容の五段階説が当てはまるというわけではない。五段階の内容に関しても文化的な特異性が存在することや，パーソナリティー等による相異も存在するだろう。さらには，段階的に受容する場合だけではなく，それぞれの段階を行きつ戻りつすることもあると考えられる。その点は留意する必要がある。

　QODをとらえる際，患者にとってのみならず家族にとっても終末期ケアや患者の状態，環境条件等が満足いくものであったか否かが重要となっている点から考えても，死を決して一人だけでの行為ととらえることはできない。つまり，自己の死である一人称の死であっても，自分の視点だけ

でとらえるのではなく，遺される人が必ず存在することや，私たちは家族や周囲の人々の中でともに生きているという視点を持つことも必要である。

## 4 死やいのちについて考えること

　私たち人間はほかの生物と同様に，地上に生を承けると同時に死に向かって歩み出す，いわば，必然である死のために偶然に従って生きるという不条理な存在である。であればこそ，ここで問題としなければならないのは，逆説的に見えるが死を考えることが生を考えることそのものであるという認識である。

　多くの人は，「最期を迎えるまでにどのような生き方をしたいか」，「どのように死を迎えればよいのか」ということについては，死が近づいた時に初めて真剣に考えるのではないだろうか。しかし，私たちはこの世に誕生したその瞬間から，すでに死へと向かって歩んでいるのである。だからこそ**「どう生きるかはどう死ぬか」でもあり，「どのように死ぬかはどのように生きるか」**という問いなのである。私たちは，日常生活の中ではそれほど死を身近なできごととしてとらえていない。そこで，まだ死が遠い存在であるうちから，自分の人生の最期である死について考えることの必要性を説いたのがドイツ人哲学者アルフォンス・デーケンである。

　デーケン（2010）は，大人にとっても子どもにとっても「death education（死への準備教育）」は必要であり，子どもに死を教えるということは，生きる喜びと感謝の心を育む教育であり，まず大人が，自分自身の価値観をじっくり考えなおしてみる必要があるとしている[9]。鈴木（1999）も「death educationは，教師と子どもたちが一緒になって人間の，そして個人の〈生き方〉を考える時間である」[10]としている。他方，近藤（2003）は，「death education」と生の教育である「いのちの教育」は別のものであるとしている。そしていのちの教育とは「いのちのかけがえのなさ，大切さ，素晴らしさを実感し，それを共有することを通して，自分自身の存在を肯定できるようになることを目指す教育的営み」[11]であると定義している。また「今のこの生をよりよく生きるためのいのちの教育なのである」と述べている。デーケンも，死の問題に取り組むことは同時に生の問題を探究する

ことだと述べていることからも，いずれの主張も今ある生の大切さに気付き，これからの人生をどのように生きていくかを考えるという視点においては共通していると考えられる。

　ただし，死をテーマとしてそこから生を考えるという方法を用いる際には，子どもの発達段階（年齢による差異）や個人的な経験等を考慮する必要があるといえる。ハンガリーの教育学者マリア・ナギーは，1948年にハンガリーの3歳から10歳までの子どもを対象とした子どもの死生観についての調査を実施した。調査結果から，9歳以上になると，人間にとって死は避けられないことを理解するとしている（表3）。近藤ら（2007）が行った調査研究からも，年齢や立場によっていのちの概念やイメージは異なるため，いのちの教育を実施する際には，教師と子どもたちの考え方のズレを認識しておく必要があると述べている[12]。

　子どもの発達段階や個人的な経験を考慮し，それぞれの段階にあったテーマや教育方法の構築がなされている中で，デーケンは大学生を対象としたdeath educationの実践例を紹介している。一つは，「もし半年のいのちしかなかったら遺された時間をどのように過ごすか」というテーマで小論文を書くという演習であり，もう一つは「別れの手紙」を書くという演習である[9]。

　もう一点，death educationもしくはいのちの教育で大切なことは，教師と子ども，子どもと子ども同士が死やいのちについてともに考えるとい

**表3　死の意識の三段階**

| 第1段階（5歳以下） | 第2段階（5〜9歳） | 第3段階（9歳以上） |
| --- | --- | --- |
| 死の不可逆性を理解できない。例えば，死は旅立ちであったり眠ることである。また身体的な死の事実は知っているが，それをいのちと分けて考えることができない。 | 死の不可逆性を理解できるが，すべての人に起こるものとは理解できず，また死を擬人化している。6歳半のある少年は「死は悪い子どもを連れ去ったりする。死は雪のように白い。どこにいても白く，邪悪で子どものようなことはしない。」と表現している。 | 人間にとっては死は避けられないと理解する。例えば，9歳半のある少女は「死は人生の終末です。死は運命です。死は地球上の人生の終わりです。」と述べている。 |

うことではないだろうか。和田（2009）も，「根本的な death education の目指すところは，言葉にできない不安や恐怖を共有しあうことへの招待状ではないだろうか」[13] としている。つまり，death education やいのちの教育はいずれも，大人と子どもがともに死やいのちについて思いを共有する場や時間を提供することにつながると考えられる。

　近年では，自分の死やいのちについて考えるための教育が，学校現場で多くみられるようになった。しかし，これらの活動は学校教育現場のみならず，同時に家庭の中でも親子の間で死についての不安や恐怖，いのちについての喜びなどを折に触れて語り合うことは可能である。例えば，テレビ映像や映画鑑賞，読書等を通じて親子で語り合うことがいのちのかけがえなさと死の意味を社会化する一助になる。また，葬儀や出産の場，あるいは遊びの場での生き物の捕獲や飼育体験，さらには料理の際の食物の話題等々，私たちが生と死を自らの問題として考える機会は身の回りにはいくらでも存在する。こうして，大人と子どもがいのちについての認識を共有することで，家族の本来の機能である教育的機能や，情緒の安定のための機能を果たすことにもつながるといえる。

　いのちの教育や death education をはじめ，新聞や書籍，実体験などを通して私たちが日常的に自分のいのちや死について考えておくことは，これからの自分の人生を形成するために必要な自己決定や自己理解にも大きくかかわってくる。そして，人間は一人で生きているわけではないという原点の認識を確認する必要がある。だからこそ自分のいのちの大切さについて考えることで，同時に自分を支えてくれている，また自分とともに生きている他者の存在の大切さに気づくことも重要なのである。

（米田朝香）

第 10 章 一人称の死?＜自分自身のいのちを考える＞

＜引用文献＞
1 ）厚生労働省『平成23年人口動態統計の年間推移』
2 ）厚生労働省『平成22年人口動態統計月報年計（概数）の概況』
3 ）特定非営利活動法人 日本ホスピス緩和ケア協会 HP
　　http://www.hospat.org/public_what.html　閲覧日2012/08/25
4 ）佐藤一樹「日本ホスピス緩和ケア協会の調査データからみた緩和ケア病棟の現況」『ホスピス・緩和ケア白書2012』（公財）日本ホスピス・緩和ケア研究振興財団，2012
5 ）柏木哲夫『いのちに寄り添う。―ホスピス・緩和ケアの実際―』KK ベストセラーズ，2008
6 ）小谷みどり「ホスピスの現状～在宅ホスピスの可能性」『LDI Report　2002年3月号』第一生命経済研究所，2002
7 ）袖井孝子「QOL から QOD へ」袖井孝子編著『お茶の水女子大学21世紀 COE プログラム　誕生から死までの人間発達科学　第6巻　死の人間学』金子書房，2007
8 ）エリザベス・キューブラー・ロス著，鈴木晶訳『死ぬ瞬間―死とその過程について』中公文庫，2001
9 ）アルフォンス・デーケン著『新版　死とどう向き合うか』NHK 出版，2011
10）鈴木康明著『生と死から学ぶ　デス・スタディーズ入門』北大路書房，2000
11）近藤卓編著『いのちの教育　はじめる・深める授業のてびき』実業之日本社，2003
12）近藤卓編著『いのちの教育の理論と実践』金子書房，2007
13）和田香織「カナダの死生学とデス・エデュケーション」近藤卓編『現代のエスプリ499　いのちの教育の考え方と実際』至文堂，2009

## 第 11 章
# 二人称の死？
### 死別と悲嘆との向き合い方

いつかは必ず
別れる時が訪れる

# 1 対象を喪失すること

　私たちは，誕生してから死ぬまで生涯を通じて，人生でのさまざまなできごとにおいて多くの出会いと別れを経験する。そのストレスの大小には認識のしかたなどにより個人差が存在するが，特に大切な人との別れに関しては，経験した個人にとってストレスの原因になる可能性が高いといえる。

　アメリカの社会心理学者ハーヴェイは，重大な喪失を「人が生活の中で感情的に投資している何か—愛する人の死，関係の解消，人以外のモノなど—を失うこと」と定義している[1]。

　小此木（1997）は「対象喪失」の体験を以下の三つに分類している[2]。①近親者の死や失恋をはじめとする愛情・依存の対象の喪失。親離れや子離れの体験なども含む。②住み慣れた環境や地位，役割，故郷などからの別れ。例えば引越し，昇進・転勤，転校などの環境の変化によるもの。③自己を失う体験，あるいは自己を一体化させていたもの（国家・理想・グループ）等を失う場合，である。

　また，「悲嘆」はさまざまな喪失体験から生じるものであるとして，高木（2011）は悲嘆を引き起こす喪失対象を以下の七つに分類している[3]（表1）。この表の最後にある「社会生活における安全・安心」の喪失は，2011年3月11日に発生した東日本大震災後に付け加えられたものである。

　喪失は，単純に外的な対象を失うということだけを意味しているのでは

**表1　悲嘆の誘因となる喪失**

| 喪失対象 | 具体例 |
|---|---|
| 愛する人 | 死，離別（失恋，裏切り，失踪） |
| 所有物 | 財産，仕事，ペットなど |
| 環境 | 転居，転勤，転校，地域社会 |
| 役割 | 地位，役割（子どもの自立，夫の退職，家族の中での役割） |
| 自尊心 | 名誉，名声，プライバシーが傷つくこと |
| 身体的 | 病気による衰弱，老化現象，子宮・卵巣・乳房・頭髪などの喪失 |
| 社会生活における安全・安心 | |

（高木（2011）をもとに筆者作成）

ない。小此木によれば，愛する人の死や失恋や転勤など，自分の心の外にある人物や環境が実際に失われる経験は「外的対象喪失」とし，これに対して思春期の親離れ（理想化していた父・母のイメージを失う）などのように，その人物の心の中だけで起こる経験は「内的対象喪失」として区分している[2]。

　小此木はこれら双方の対象喪失は，外的な対象としては喪失していない場合であっても個人が内面的に離れてしまったと思った場合など，常に同時に起こるわけではないとも述べている。またニーメイヤー（2002）も，大切な人や物が奪われるといった誰が見てもわかる一般的な意味での喪失と，ほとんど当事者にしかわからない，他人には説明ができない個人的な意味での喪失があるとしている[4]。

　ボス（1999）は，喪失の中でも特に「曖昧な喪失」に焦点をあて研究を行い，それを二つに分けている。一つは，戦争での行方不明の兵士や自然災害による行方不明者，離婚や成人の子どもが家を離れる場合等「身体的には不在であるが，心理的に存在していると認知される場合」の喪失である。もう一つは，「人が身体的に存在しているが，心理的に不在であると認知される場合」の喪失である。これには認知症や脳挫傷，脳梗塞等によって記憶が喪失してしまうことや，仕事へののめり込みで家族を放念してしまう場合を挙げている[5]。

　このように，喪失とは広範な概念であり，さまざまな分類のしかたも存在する。その中でも共通して言えることは，個人差はあるがストレスの要因になりうること，また悲嘆を誘因するできごとであるということである（第3章参照）。

　**何か対象を失うという対象喪失の多くは，私たちが日常生活の中で経験している。**換言すると，私たちは日々他者との関係の中で，喪失体験を繰り返しながら生活を送っているのだが，その中でもとりわけ，身近な人との死別がストレス値の最も高い喪失体験であるということになる。

## 2 死別による悲嘆

　2011年3月11日に起こった東日本大震災以降，多くの人がいのちにつ

いて考えさせられない日はないだろう。この自然災害により，多くのいのちが失われた。そしてそれと同じだけ大切な人との別れも生じてしまったのである。これ以降，「グリーフ」または「グリーフ・ケア」という言葉が聞かれるようになった。

　グリーフ（英：grief）とは，「大切な人を死別により失った時，その衝撃ゆえに私たちが身体，感情，心理，認知，行動，精神面で示すあらゆる"反応"」（鈴木，2008）とされている[6]。日本語では「悲嘆」と訳されている。

　グリーフは上記の定義のように，ただ単に悲しみということだけではなく，死別により出現するより広範囲にわたる反応である。そしてグリーフ・ケアとは，死別体験者がグリーフワークを進めるために周囲が援助をすることである。グリーフワークとは，自分にとって大切な人を失うことで生じた悲嘆の現実と向き合い，その悲しみを受け入れ，新しい生き方に気づき再出発するまでの必要な作業のことを指す。つまり，死者と自分を見つめ直しながら生きる意義を問い直す作業なのである（宮林，関本2008）[7]。

　すべての死別体験者がみな同じグリーフを示し，それに伴った同じグリーフワークを行うというわけではない。これまでの伝統的なグリーフモデルでは，誰もが等しく普遍的で段階的な悲嘆のプロセスを辿り，最終的には誰もが回復に到達するととらえられていた。また，グリーフワークには規範的なパターンが存在し，その形から外れていたら異常であるとか病的であると判断されていた。しかし近年，それぞれの死別体験者が経験す

**図1　悲嘆のプロセス**

死別前　　　　　　　　　　　　　　　死別後

悲嘆の作業
グリーフ・ワーク

故人　遺族　　　　　　　　　　　遺族は自分の中に故人を
　　　　　　　　　　　　　　　　再配置させ歩んでいく

るグリーフやグリーフワークは複雑かつ錯綜しており，しかもその人固有という意味で独自性があり，さらには，完全に回復に至ると考えるには限界があるなど，これまでの伝統的なグリーフモデルに対する批判や，それに代わる新たなモデルが提唱されている。

なぜグリーフやグリーフワークは死別体験者ごとにそれぞれ異なるのかというと，それはグリーフやグリーフワークに影響を与える媒介要因が当事者ごとに大きく異なっているからだと考えられる。ウォーデン（2008）は，この悲嘆の過程に影響を与える媒介要因を七つに区分し，それぞれ具体的な例を挙げている（**表2**）[8]。

このように，さまざまな媒介要因が複雑に錯綜して，死別体験者のグリーフやグリーフワークに大きな影響を与えているのである。そのため，すべての人が等しく普遍的なグリーフワークの過程を辿ることはなく，死別によるグリーフやその後のグリーフワークには個人差があり，非常に複雑な過程と内容を持ったものであるということができる。

**表2　悲嘆の過程に影響を与える媒介要因**

| |
|---|
| 媒介要因1　亡くなった人は誰か（関係性） |
| 媒介要因2　愛着の性質 |
| 愛着の強さ／愛着の安定性，アンビバレントな関係／葛藤的な関係，何を頼ってきたか |
| 媒介要因3　どのように亡くなったか |
| どこで亡くなったか，突然の予期していない死，外傷的な死，多重喪失，防ぐことができた死，不確実な死，汚名を着せられた死 |
| 媒介要因4　過去の喪失経験や既往歴 |
| 過去の喪失経験，心の健康に関する既往歴 |
| 媒介要因5　遺された人のパーソナリティ要因 |
| 年齢／性別，コーピングスタイル，愛着スタイル（安定愛着・不安定愛着），認知スタイル，自我の強さ（自尊感情・自己効力感），想定された世界（信念・価値観・期待） |
| 媒介要因6　社会的な要因 |
| サポート資源の有効性（利便性），サポートによる満足感（被サポート感），社会的役割への関与度，宗教的な資源（葬送儀礼），民族性や死生観 |
| 媒介要因7　連鎖的ストレス（続発するライフイベント） |

## 3 死別体験後に生じる二次的ストレッサー

　大切な人を亡くすだけでも非常に衝撃的なできごとであるにもかかわらず，遺族はその後，その死に伴って生じるさまざまなストレッサーを経験することにもなる。坂口（2010）は二次的ストレッサーとは，「一人の家族成員の死によって新たに生起した，あるいは表面化した状況やできごとのうち，個人にとって負担や有害であると認知された事象である」と定義している[9]。坂口は2001年に配偶者を亡くした121名を対象に二次的ストレッサーについての調査を行った結果，死別における主なストレッサーとして，①生活環境の変化，②日常生活上の困難，③経済的問題，④家族・親族関係の悪化，⑤死別後の雑事，⑥心ない言葉や態度，を挙げている。

　筆者が行った，鉄道事故により娘を亡くした一遺族（主に父親＝Aさん）へのインタビュー調査からも，死別後約半年という時期においては，加害者（鉄道会社）に対する怒りに加えて，さまざまな外部要因からなる二次的ストレッサーの存在が明らかになった。亡くなった娘への想いを語る以上に，二次的ストレッサー（マスメディア，遺族会，周囲の人々，夫婦間の悲嘆表現の違いなど）についての語りが多かったのである。その中でも特にストレスであると感じていたのは，遺体安置所や通夜告別式への取材など，マスメディアとの関係の中で生じたできごとであった（小川・米田，2007）[10]。故人と遺族の最後の別れの場であり，当事者にとって大きな意味が含まれている通夜や告別式といった葬送儀礼の際にも取材が訪れるなど，マスメディアが死別後の大きなストレッサーとなっていたことが明らかになった。

　インタビューの初期の時点において亡くなった娘への想い以上に二次的ストレッサーに関する語りが多かった要因には，筆者とインタビュー対象者である遺族との間にラポールの関係性が築けていなかったということが考えられるが，突然大切な家族を失った遺族は，そのことによる悲しみだけでも非常に大きい時期に，加えて外部からのさまざまな二次的なストレスを感じていることがわかる。

　このように，死別体験をした遺族は，大切な人を失うという衝撃に加え

て，その後の生活において他者との関係の中でさまざまなストレスを感じているのである。この結果からも，周囲にいる人々が二次的ストレッサーの存在を認識し，配慮する必要がある。死別による悲嘆を考える際，その個人を取り巻く環境や人間関係さらには社会とのつながりの有無など，社会的な視点までをも考慮に入れて理解することが重要であるといえる。

## 4 遺族の悲嘆との向き合い方

　遺族へのインタビューを通じて強く浮かび上がったもう一つの遺族の思いに「娘の最期が知りたい」というものがあった。Aさんは，事故後娘に対面するまでの間の曖昧な部分を埋める作業に積極的に取り組んでいることがわかった。Aさんは娘が事故当時座っていた座席探しの作業を通して，娘が亡くなるまでの事実を知ること，加えて，事故の瞬間の娘の気持ちを実感したい，さらにはその想いを共有したいと考えていた。娘が最期に座っていた場所を探すという，Aさんにとって曖昧な部分を埋めるために行った行為は，亡くなった娘との内的対話を実行する機会でもあり，さらに，突然いなくなってしまった娘に，再度きちんと出会うという意味も持っていると考えられる[11]。

　この行為は同時に，認めたくない大切な娘の死を認めざるを得ないという結果にもつながる。しかし，Aさんは座席を探すことを選択し，実行している。この「曖昧な部分を埋める」作業は，ただ悲しみに対して受動的であるのではなく，能動的な行為であるといえる。ただし，この遺族のように座席探しを行っていないからといって，それが死に対して受動的で望ましくないというわけではない。遺族はそれぞれの悲嘆の中で，行為は異なったとしても，主体としては能動的に悲嘆との向き合い方の選択を行っていると考えられるからである[12]。

　この点に関して，アティグ（1996）は，「死別には選択の余地は，ほとんど，あるいは，まったくないが，悲しむ営みは選択の余地で満ちている」[13]と述べている。そして「選択をする時，新たな選択肢が目の前に開ける」[13]とも述べている。Aさんは，座席の位置を探す活動の中で新たな人間関係も築いていった。事故の生存者が座席探しに協力し，彼らとはそ

**図2 死別への二重過程モデル**

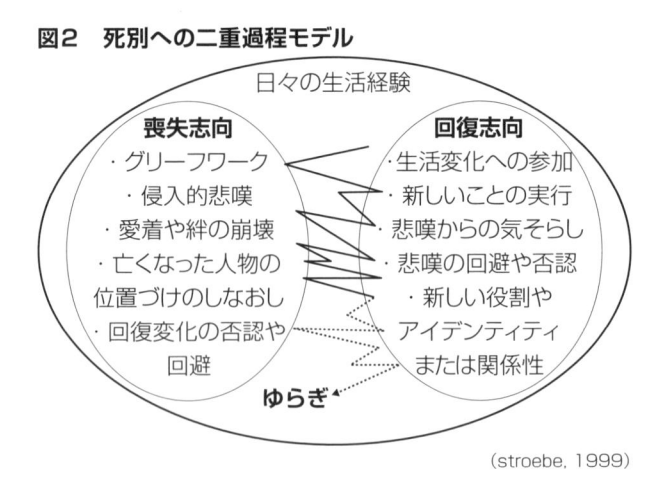

```
              日々の生活経験
    ┌─────────────────────────────────┐
    │  喪失志向          回復志向        │
    │ ・グリーフワーク    ・生活変化への参加 │
    │ ・侵入的悲嘆       ・新しいことの実行  │
    │ ・愛着や絆の崩壊    ・悲嘆からの気そらし│
    │ ・亡くなった人物の   ・悲嘆の回避や否認 │
    │  位置づけのしなおし ・新しい役割や     │
    │ ・回復変化の否認や    アイデンティティ  │
    │  回避              または関係性     │
    │           ゆらぎ                  │
    └─────────────────────────────────┘
```

(stroebe, 1999)

の後も交流が続くこととなった。彼らとの出会いがこの時期の遺族にとって大きな支えになり，座席探しという行為が，立場の違う生存者や同じ遺族同士の連帯感を形成することにもつながったのである[11]。

死別体験後の遺族の能動的な選択に関しては，ストローブ & シュット（2001）の死別への二重過程モデルでも見ることができる（**図2**）。彼らは，死別体験後の日常生活において「喪失志向」と「回復志向」という，ベクトルの向きが正反対のストレッサーがあるとしている[14]。

喪失志向に対する対処方法は，死別体験自体に対応したり集中したりすることを指し，回復志向に対する対処方法は，悲嘆からの気のそらしや，生活を立て直していくために必要なさまざまな手配を行うことなどが含まれている。

人は，喪失志向と回復志向という両方のストレス対処に一度に取り組むことは不可能であり，これらの二つの局面を行ったり来たりして揺らぐことが指摘されている。ストローブ＆シュットは，この揺らぎが適応的な対処方法の基礎になると述べている。さらに「死別体験者は，生活上の喪失と変化のうち，どちらか一方に対して無視したり集中したりすることをある程度選択できる」[14]とも述べている。つまり，死別体験者は悲嘆への直面化が常に続いているわけではなく，他方では回復志向のコーピングにも

取り組んでおり，悲嘆と向き合う中で人々は自ら喪失志向の課題に取り組んだり，逆に回避したりするという能動的な選択を行っていると考えられる[12]。

## 5 おわりに

　鉄道事故の遺族へのインタビューを通して，彼らは死別という喪失による悲嘆に対して，単に受動的に対応しているのみではないことが明らかになった。むしろさまざまな悲嘆への向き合い方を選択することによって，能動的に悲しみと向き合い，現実を受容しようとしていた。もちろんこれは一つの事例であり，すべての死別体験者が同じような悲嘆を経験したり，グリーフワークのプロセスを辿るというわけではない。悲嘆やグリーフワークには個人差があり，複雑な過程と内容を持ったものであるという認識が必要である。

　また遺族は，死別という非常に衝撃的なできごとによるストレスを感じるだけではなく，加えてその後，二次的ストレッサーによるストレスを多く感じていたことも明らかとなった。この点から，周囲の人々の配慮が非常に大切であるといえる。言い換えれば，周囲にいる人々の配慮により，二次的なストレスを軽減させることも可能といえる。そのためには，悲嘆やグリーフワークについて，遺族のケアに従事する人々だけではなくすべての人が学ぶ必要性があるといえる。**なぜなら，私たち自身が死別体験者の二次的ストレッサーとなりうる可能性があるからである。**

　まずは，死別体験者に対して，これまで多くのさまざまな誤った認識や思いこみが存在していることを理解したい。バーネル＆バーネル（1989/1994）は，死別に関する誤った認識として17の神話を挙げている[15]（**表3**）。

　これらは「神話」である。例えば，悲嘆が6か月や1年で終わるなどと断定する検証可能な根拠はない。死別を体験した日が近づいたり，同じ季節が巡ってきた時，人は死者を思い再び悲嘆にくれることもある。また，発達段階にもよるが，子どもに死を正確に伝えないことによって，かえってその後の悲嘆が複雑化するということもある。

人には必ず死が訪れる。つまり私たちはいつか必ず，家族の死を体験する死別体験者になる。今でも**表3**で示したような死別に関する誤った認識が存在していることを知った上で，さらに悲嘆について学ぶことが重要である。こうした作業を通じて，再度自分の家族の大切さや，自分のいのちの大切さについても考察するべきである。

（米田朝香）

**表3　死別に関する誤った認識「17の神話」**

| | |
|---|---|
| 1 | 時間がすべてを癒す。 |
| 2 | 悲嘆は6か月から1年続く。 |
| 3 | 喪失について考えないようにするほど，苦しみは少ない。 |
| 4 | 喪失に触れないほうが，死別体験者にはいっそう助けになる。 |
| 5 | 怒りと罪責感は，異常な悲嘆反応の中でのみ生じる。 |
| 6 | 泣いたり悲嘆について話す人は，感情を表出できずに決して喪失を口にしない人よりも，ずっと苦しい時を過ごしている。 |
| 7 | 悲嘆は家族をお互いに親密にする。 |
| 8 | 子どもたちは幼すぎて死を理解できないので，死の概念について話し合うのは，子どもが大きくなるまで待つのが最良である。 |
| 9 | 愛する人の遺体を見ないで済ますことができれば，通常それは遺族にとってずっと安楽である。 |
| 10 | 薬物やアルコールは悲嘆の痛みを緩和する。 |
| 11 | 悲嘆しすぎると，健全な精神を喪失する。 |
| 12 | 悲嘆が前もって予測されている人では，悲嘆プロセスに楽な場合があるに違いない。 |
| 13 | 死別を体験している家族は，あまりにも気が動転しているので，病理解剖や臓器移植の求めに応じて話し合うことができない。 |
| 14 | 怒りは悲嘆の正常な情緒反応ではなく，その表出を奨励すべきではない。 |
| 15 | 愛する人の喪失を迅速かつ短時間に受容することは，その人が成熟し，強い意志を持ち，悲嘆プロセスをうまくやりこなしていることの表れである。 |
| 16 | 亡くなった夫とコミュニケーションを続ける妻は，病的な心理機制を用いて悲嘆を処理している。 |
| 17 | 自殺者の遺族と話す際には，自殺についての話題を持ち出してはならない。 |

(Burnell & Burnell, 1994)

第11章 二人称の死?＜死別と悲嘆との向き合い方＞

―――――――――――――――――――――――――――――――――――
＜引用文献＞
1) J.H. ハーヴェイ著，安藤清志監訳『悲しみに言葉を―喪失とトラウマの心理学』誠信書房，2002
2) 松井豊編『悲嘆の心理』サイエンス社，1997
3) 高木慶子『悲しんでいい 大災害とグリーフケア』NHK出版，2011
4) ロバート・A. ニーメイヤー著，鈴木剛子訳『＜大切なもの＞を失ったあなたに―喪失をのりこえるガイド』春秋社，2006
5) ポーリン・ボス著，南山浩二訳『「さよなら」のない別れ 別れのない「さようなら」―あいまいな喪失―』学文社，2005
6) 鈴木剛子「日本のグリーフ・ケア―現状とこれから」『春秋2008年6月号（NO.499）』春秋社，2008
7) 宮林幸江・関本昭治著『愛する人を亡くした方へのケア―医療・福祉現場におけるグリーフケアの実践』日総研出版，2008
8) J.W. ウォーデン著，山本力監訳『悲嘆カウンセリング―臨床実践ハンドブック』誠信書房，2011
9) 坂口幸弘著『悲嘆学―死別の悲しみを学ぶ』昭和堂，2010
10) 小川浩一・米田朝香「突然死に遭った家族の二次的ストレッサー―JR福知山線脱線事故の遺族の語りから―」『東海大学紀要文学部 No.87 2007』東海大学出版会，2007
11) 米田朝香「死別と悲嘆―突然死によって大切な人を喪った遺族の事例から」『現代のエスプリ2009年2月号（499）』至文堂，2009
12) 米田朝香「突然死による遺族の悲嘆とその向き合い方」『看護教育第52巻第12号』医学書院，2011
13) T. アッティグ著，林大訳『死別の悲しみに向き合う』大月書店，1998
14) ロバート・A. ニーメイヤー編，富田拓郎・菊池安希子監訳『喪失と悲嘆の心理療法―構成主義からみた意味の探究』金剛出版，2007
15) ジョージ.M. バーネル・エイドリアン.L. バーネル著，長谷川浩・川野雅資訳『死別の悲しみの臨床』医学書院，1994

# 第12章
# ちゃんとした生活って？
### 健康観の変遷と生活習慣

「いのち」を
大切に
生きるということ

## 1 自分らしく生きる

「私は誰？どこからきてどこへ行くの？」「自分とは何者か」

そんなことを考えたことはないだろうか。ふとした瞬間に友だちから「今日はなんだか変だね」と言われたりして、自分では気付かない面を指摘されたように感じたことはないだろうか。人間は、きわめて多面的な存在で、「自分はこれこれの人間である」などと一言で語れるものではないのではないだろうか。

昨日の自分と、今日の自分は違っていて当然だし、違わないほうがおかしいともいえる。一方で、昨日も今日も変わらずに自分を特徴づけている面も、同時に併せ持っている。また、友人と一緒にいる時と家族とくつろいでいる時では、言葉遣いや姿勢・態度などさえ違った様子であろう。他人が見た場合、同一人物とは思えないほどに、様子が異なっていることさえある。このように多様な面を併せ持つ、複合的な存在が人間なのかもしれない（**図1**）。

それでも私は私であるという確信は持てるし、自分はほかならぬ自分であるといえる。そう考える「自分」を認識できるのは「自分」しかないからである。

日常的な生活の場面では、人生観や世界観あるいは思想・信条などにまで立ち入って考えることは少ないが、誰でもが一定の行動パターンや癖を持っていて、それらが醸し出す「その人らしさ」というものがある。

**図1 人が持つさまざまな顔**

歴史性（縦断的理解）
時系列的に変化していくいろいろな顔

多面性（横断的理解）
ある時点で持っているいろいろな顔

「その人らしさ」は，その人の態度や行動によって形成されるもので，自他の思いや評価が必ずしも一致しないものの，その人の性格的側面が強い。それに対して，形式的・制度的にその人を他者と区別して認識するために，現代社会では「その人である」という事実の証明が，日常生活で不可欠のものとなっている。

その人をその人であると証明するものとして，IDカード，ID番号などが日常的に用いられている。IDとはアイデンティティ（英：identity，自己同一性）から来た略号で，その人の存在証明にもなっている。公的なIDの代表的なものとして，運転免許証，保険証，旅券（パスポート）などがある。それらに加えて最近では，各種のクレジットカードなども場面においては重要なIDとして用いられている。

## 2 変化していく「私」

生まれ落ちた瞬間から，私たちは日々成長し変化し続けてきている。精神的な発達については，多くの心理学者や医学者が研究を進めてきた。とりわけ良く知られているのは，ピアジェやフロイト，エリクソンなどである。

ピアジェは，幼いころの発達について重要な知見を多く示した。また，フロイトは乳幼児期だけでなく青年期までの精神的な発達について，詳細な理論を構築し後世に多くの影響を与えている。

それに対して，エリクソン（E.H. Erikson）の発達理論は，生涯にわたって展開されていることが特徴である。この理論では，人は生涯にわたって発達していくとされる（図2）。人が生涯にわたって発達するという考え方を基にすること

**図2　エリクソンの発達段階説**

1. 乳児期：基本的信頼 VS 基本的不信
2. 幼児前期：自律性 VS 恥と疑惑
3. 幼児後期：自発性 VS 罪悪感
4. 児童期：勤勉性 VS 劣等感
5. 青年期：アイデンティティ VS アイデンティティ拡散
6. 成人前期：親密性 VS 孤立
7. 成人期：生殖性 VS 停滞性
8. 老年期：統合性 VS 絶望・嫌悪

によって，生涯学習や社会教育などの概念が生まれてきたといえよう。

　エリクソンによれば，発達とは各段階における葛藤を乗り越えることであり，例えば青年期においては「アイデンティティの確立」と「アイデンティティの拡散」が発達課題となる。いかにしてアイデンティティを確立するか，つまり自分らしさを確認し明確化していくことが，青年期（10代から20代）の重要な課題なのである。こうして，乳児期の「基本的信頼vs基本的不信」に始まって，老年期の「統合性vs絶望・嫌悪」まで，人は葛藤と戦う一生を過ごすことになるというのである。

　ただ，アイデンティティの課題は青年期にはじめて私たちの前に姿を現すわけではない。発達心理学の知見によれば，生後半年のころにはすでにアイデンティティの萌芽は芽生えており，自分の行為は自分が行っている（発動性）という，まさに自分を自分として認識することが始まっているという。さらには，身体が外界と境界を持つ一つのまとまりをなしている（一貫性）という感覚や，同一の経験には同一の感情が体験される（情動性）感覚，連続性を保ちつつ変化していく（歴史性）という感覚などが乳児の段階で体験されているという。

　アイデンティティの確立の過程は，自分らしさの確認の過程でもある。自分は自分であって，ほかの誰でもない，という感覚があって，自分の力を自分なりの使い方で十分に発揮できた時，その人は自己実現を達成しているといえるであろう。ここで重要なのは，その人なりの力の出し方という点であって，集中的にすべてを出し切るタイプの人もいれば，時間をかけて持続的に出していく人もいる。さらには，極限まですべてを使い切る人もいれば，いつもゆとりを持って出していく人もいる。

　いずれにしても，自分なりのやり方で力を発揮し，自分の定めた目標に向かって進んでいく時，人は自己実現を目指しているといえるであろう。つまり，自己実現は一人ひとり異なっているもので，他者と比較して優劣を競ったりするものではない。

## 3 自分は大切な存在

　いのちの大切さは，誰でもが認めることであろう。いのちはかけがえの

ないもので，あらゆる生きとし生けるものが，等しく大切ないのちを与えられ次代へとつないでいく営みを繰り返している。

　等しく大切ないのちと言いつつも，実は私たちは多くの生きもののいのちを奪うことによっていのちをつないでいる。多種多様な動物や植物を，日々食しながら私たちは暮らしている。それでも，等しく大切ないのちと言えるのであろうか。

　結局のところ，等しく大切ないのちとは，私たち人間のいのちのことであって，ほかの動植物は私たちにそのいのちを提供する存在となっている。そのことから，食事の時の"いただきます"という挨拶は，食材となっていのちを投げ出した生きものの"いのちを頂きます"の意味であるという説明がなされたりする。

　2011年3月11日の東日本大震災の後，"津波てんでんこ"という言葉が盛んに聞かれた。津波が来たら，"てんでんに"つまり一人ひとりが自分のいのちを守るために逃げるように，という東北地方の言い伝えのことである。人のいのちは等しく大切なものであるといっても，他者を助けようとしてともにいのちを落とすことがあってはならないという意味だという。

　人のいのちは等しく大切なものであるから，一人ひとりが自分のいのちを大切にしよう，という意味だともいえよう。そのためにはまず，自分は大切な存在であるという思いを，心の底から持てることが私たちにとって必要なことなのである。

　自分は大切な存在であるという感情を，心理学では古くから「自尊感情（Self Esteem）」と呼んできた。19世紀の心理学者・哲学者であったジェームズ（James, W）が，『心理学原理』という書物で示したのが，自尊感情の最初の概念化であった。

　それによれば，自尊感情とは自分にはできることがあって，人より優れていて役に立ち，価値がある存在であるという感覚である。つまり，ジェームズが定義した自尊感情は，成功の関数であった。

　しかし，もし自尊感情つまり自分は大切な存在であるという感情が，こうした意味しか持たないとしたら，競争に負けたり破れたりすると，あるいはなんらかの事情があって競争のスタートラインにも立てない状態にあ

| 図3 基本的自尊感情 | 図4 社会的自尊感情 |
|---|---|
| ○これで良い，生きていて良い，このままで良い，これ以上でも以下でもない，自分は自分<br>○他者との比較でなく，相対的，無条件，根源的で永続性のある感情 | ○とても良い，できることがある，役に立つ，価値がある，人より優れている<br>○他者との比較で，どこまでも際限がなく，相対的条件付き<br>○表面的で一過性の感情 |

るとしたら，その人は自尊感情が持てないということになりはしないだろうか。そうだとしたら，つまり，自分は大切な存在であるという感情が，持てない人がいることになってしまう。

　人のいのちが等しく大切なものであるとすれば，人は誰でも生まれてきたことに意味があり，そこに存在するだけで価値があるはずである。何かができるとか，人より優れているとか，競争に勝ったから自尊感情が持てるのではなく，何もできなくても，特に優れていたり勝ったりしなくても，そこにいるだけでいいのだという感情が，人を根底から支えるのではないだろうか（図3）。

　こうした感情を基本的自尊感情といい，ジェームズが定義した感情を社会的自尊感情として概念化する理論（近藤，2010）もある（図4）。それによれば，社会的自尊感情は熱気球のようなもので，成功したり認められたりすると膨らんで舞い上がっていく。勝てば膨らむが，破れればとたんにしぼんでしまうような感情である（図5）。

　それに対して，基本的自尊感情は地道な積み重ねによって少しずつ厚みを増していくような感情である。たとえて言えば，ノリの染み込んだ和紙を一枚一枚重ねていくような作業によって，確実に作られていくようなものである。時間がたつと，下のほうからノリは乾いて，和紙と和紙はしっかりと接着され，二度と簡単には崩れない強固なものとなっていく（図6）。自尊感情は，こうした成り立ちの異なる二つの領域の組み合わせでできているというのが，近藤（2010）の考え方である（図7）。つまり，

## 第12章 ちゃんとした生活って？＜健康観の変遷と生活習慣＞

**図5　社会的自尊感情の形**
社会的自尊感情は熱気球？!

熱気球のように膨らんで舞い上がる
ガスバーナーの熱風（頑張る，褒められる，認められる…）

**図6　基本的自尊感情の形**
少しずつ積み重ねて厚みを増す基本的自尊感情

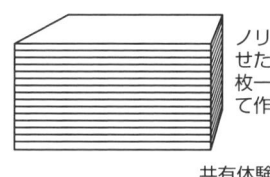

ノリを染み込ませた和紙を，一枚一枚積み重ねて作られる
共有体験の度に積み重なって厚みをます

**図7　理想的な自尊感情の形**
自尊感情の成りたち
―二つの領域のバランスが大切―

← 社会的自尊感情
← 基本的自尊感情

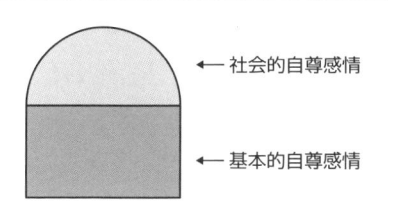

**図8　自尊感情の4つのパターン**

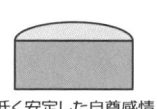

低く安定した自尊感情
のんびり屋，マイペース

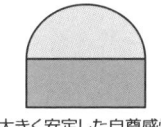

大きく安定した自尊感情
何があっても大丈夫，立ち直れる

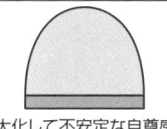

低くて弱い自尊感情
さびしくて孤独，自信がなく不安

肥大化して不安定な自尊感情
がんばり屋の良い子，不安を抱えている

　自尊感情（自分を大切に思う気持ち）の根底は基本的自尊感情によって支えられているので，もし失敗したり負けたりしても完全に自分を否定したりすることはない。自分はありのままの自分でいいのだという基本的自尊感情が，その人を根底の部分で支えるからである。
　かといって，社会的自尊感情も生きていく上で必要な感情である。それが十分でなければ，努力したり向上したりといった行動が取れない。それなりの行動を取って，成功したり褒められたりした時に，社会的自尊感情が高まり自分の価値を確認する喜びが得られるのである。つまり，基本的自尊感情と社会的自尊感情のバランスが大切だということになる（**図8**）。

# 4 健康な暮らし

　一人ひとりがいくら心がけても，地域社会や学校，職場さらには社会全体に個人を大切に考える風土が根付いていないと，個人の健康や幸福は保障されない。水俣病やイタイイタイ病などの公害による被害は，古くて新しい問題である。東日本大震災以降は，原子力発電所の問題が，非常に大きな環境問題として浮上してきている。私たちの生活習慣を根本から考え直さざるを得ないほどの，すべての国民にかかわる大きく直接的な問題である。健康で持続可能な世界を，どのようにして私たちは守り育てていけばいいのだろうか。真剣に考えなくてはならない課題である。

　誰にでも関連するものとして，労働に関する健康被害の問題がある。例えば，石綿を扱う労働者が，長年の潜伏期を経て中皮腫を発症している問題が，20世紀後半から表面化してきている。

　石綿のように特殊な問題以外にも，無理な姿勢を取ることが多い仕事で腰痛が生じたり，パソコンを長時間使うことで慢性的な眼精疲労に悩まされたり，水仕事が多い仕事で皮膚疾患が深刻になったりと，労働からの健康被害は枚挙にいとまがない。さらには，仕事そのものは特殊でなくても，長時間勤務による仕事上のストレスによって過労死に至るという，深刻な問題もある。

　正規雇用労働者の長時間勤務がある一方で，フリーター，契約社員，派遣社員などの非正規雇用の労働者が3分の1に達しており，看過できない問題が生じている。非正規雇用の場合，正規雇用と同程度の労働に従事しても収入が少なく，その収入も安定せず，そもそも雇用そのものが不安定であるという状況に置かれる。そうした不安定な状況で，はたして健康を維持し持続可能な社会生活が送れるであろうか。

　すべての働く人々が健康的な生活を続けていくためには，仕事の内容，労働の物理的・化学的環境，制度などの社会的環境など，多面的な工夫と配慮が必要不可欠である。その上で，各人が自らの生活と人生を豊かにするために，適性と希望に合った職業に就くことによって，働くことの喜びを感じていくことができるであろう。

第12章 ちゃんとした生活って？＜健康観の変遷と生活習慣＞

　労働環境に限らず，私たちの生活環境全体を見渡した時にさまざまな環境汚染が進んでいることにも気付く。車や工場からの排出ガスなどによる大気汚染だけでなく，工場排水や生活排水による川や海の水質汚染，有害物質を埋設したことによる土壌汚染など，深刻な環境汚染がある。

　大気汚染によって地球の温暖化が進み，気候が変化することによって異常気象が生じて自然災害が増えたり，さらにはその影響で食糧不足や病気が広がったりという問題が起こっている。土壌汚染では富山県の神通川流域でのイタイイタイ病の発生や，水質汚染による熊本県の水俣湾での水俣病の発生など，きわめて深刻な疾病が発生している。2011年の大震災以後は福島第一原子力発電所の事故によって，放射性物質による大気汚染，水質汚染そして土壌汚染が広範囲に同時に起こっており，これまで経験したことのないきわめて深刻な状況となっている。

　こうした状況に対して，私たち一人ひとりにできることは限られているとあきらめてしまっている人もいるかもしれない。しかし，大気汚染の原因の一つである二酸化炭素の全排出量（12億5,800万トン）のうち，約15％（約1億7,000万トン）が家庭からの排出であるという統計もある（環境省，2010年度）。また，原子力発電所に依存した生活を見直すためには，日々の生活における電気の節約に心がけることも，欠かすことのできないライフスタイルである。

　環境汚染をできる限り少なくするために，「三つのR」を心がけて生活したいものである。三つのRによる生活とは，Reduceの態度で無駄を削減し，Reuseによって繰り返し使い，Recycleで再利用するというライフスタイルである。

## 5 現代人の暮らしといのちは持続可能か

　近年，「エコ」という言葉が流行語のように用いられてきた。エコバッグ，エコカーなどが記憶に新しい。「エコ」とは，もともとはエコロジー（ecology）から来た言葉で，生態系を守り環境保護・自然保護的な暮らし方を指したものであった。ただ，「エコ」にはもう一つの意味がある。それはエコノミー（economy）の略語であり，つまり，経済的・節約的な

生活のしかたということである。

　環境に負荷を与えない暮らし方は，エコロジカルな生活（生態系を守る生活）であるといえる。ただ，そうした生活が，必ずしもエコノミー（経済的）になるとは限らない。例えば，農薬や化学肥料を使わずに野菜を育てようとすると，大変な労力と工夫が必要で，しかもそうでないものに比べて収穫高も少なくなるのが常である。すると，エコロジーな方法で作られた作物の販売価格は，そうでないものに比べて割高になり，消費者としてはエコノミーにはならないわけである。

　逆に，エコと称して人工甘味料や化学物質を添加して作られた食品が，価格的には安価で消費者としてはエコノミーだということがある。そうしたものを消費して，エコな生活だと言えるだろうか。その場合の「エコ」は，エコノミーではあるかもしれないが，決してエコロジーではないのである。

　このようにエコノミーとエコロジーが両立するとは限らないし，現代社会における生産物について言えば，エコノミーとエコロジーが両立しないことも少なくない。「エコ」という掛け声は，実はエコノミーの意味であって，決してエコロジーとは限らないということに注意する必要がある（**図9**）。

　示準化石という概念がある。その化石が発見されることで，その地層の地質年代がわかるというものである。例えば，化石の代表のようなアンモナイトが発見されると，その地層は2.5億年〜0.6億年前のものだということがわかる。また，これも良く知られている三葉虫の化石が発見された地層だと，5億年〜2.5億年前ということがわかる。

　こうした示準化石とは，きわめて多数の個体が地球上に広く分布した生物でありながら，現在は生きた姿で見ることができない生物であり，さらにここが重要なのだが“短期間のみ栄えた”生物だということである（**図10**）。

| 図9　割り箸はエコ？ | 図10　示準化石 |
|---|---|
| ○森の木を無駄に使い捨てることはエコロジカルを考えてエコではない<br>○間伐材を使う＝森を育てることになるので，エコロジカルに考えてエコ | ○発見されることでその地層の地質年代がわかる。<br>○現生しない生物<br>○多数の個体が広く分布した生物<br>○短期間のみ栄えた生物 |

　私たち人類は，3万年前にこの地球上に出現したと考えられている。もし，これから何年あるいは何十年か後，地球上の生活環境が悪化して，人類が滅亡してしまったらどうなるであろうか。

　未来の地球を訪問した宇宙人は，3万年前から西暦20××年という短期間，この地球上に広く分布した現存しない生物である私たち人類を，示準化石として分類整理することになるのかもしれない。

　私たち人類は，誰も示準化石にはなりたくないであろう。わずか3万年という短期間で滅亡してしまうことなく，数億年生き続けたアンモナイトや三葉虫のように，あるいはそれよりも永くいつまでも永遠に，この美しい地球とともに生き続けていきたいと思う。そのために，私たちは目先の便利さや快適さだけに惑わされず，はるか先の地平を見据えて考え行動していくべきであろう。

(近藤卓)

# 用語解説

▽ラポール

　ラポール（rapport；ラポートともいう）は,「信頼感」と訳されるが, カウンセリングや心理臨床の領域では, カウンセラーとクライエントの関係において,「ラポールができる」「ラポールがつく」などというように用いられる。カウンセリングにおけるクライエントは, その多くが裏切られたり見捨てられるなどの経験をしていて, その結果他者に対する信頼感を持てずにいる。そうしたクライエントであっても, ラポールができることによってカウンセラーに安心して心の内を語ることができる。

　ラポールの形成のためには, まずカウンセラーによる受容, 傾聴, 共感の態度が必要とされるといわれる。そうした態度で接してクライエントの話を聞くうちに, クライエントは幼いころの親や養育者との良い思い出を, カウンセラーとの間で心理的に再体験することがある。これをカウンセリングでは「感情転移」という。その際同時に, カウンセラーの側もクライエントとの間で, カウンセラー自身の過去の身近な誰かとの良い関係を再体験（逆転移）することがある。こうして, 転移と逆転移が生じることによって, 二人の間に深い心の通い合いが生じて, これがラポールを形作る拠り所となると考えられる。

▽コーピング

　コーピング（coping）は, 一般的にはなんらかの事象に対処することを示すが, 本書ではストレスへの対処に限定して用いられている。つまり, ストレス・コーピング（ストレス対処）の意味である。

　つまりコーピングとは, なんらかの原因で心身にひずみが生じたストレス状態において, それらを解消したり軽減するための反応のことである。最も効果的なコーピングはストレスの原因に働きかけることであり, その原因を排除したり回避することができれば, ストレス・コーピングは完全な形で機能したことになる。ただ, そうしたコーピングは現実には難しいことが多い。そこで, 次善の策（あるいは現実的な方法）として, 認知を

変えることやリラクセーション，身近な他者や専門家の援助を受けることなど，さまざまな方法が考えられる。

▽ **QOL**

QOL（Quality of Life）は「生活の質」と訳される。この場合の生活とは，一般的・抽象的な概念ではなく，あくまでも極めて個人的・個別的な日々の暮らしや生活のスタイルのことである。

つまり，QOLを考える際には，その個人がどのようなことに価値を置き，これまでどのような生活を送ってきて，これからどのように暮らしていきたいのか，という具体的な思いや考え方を勘案して議論すべきである。たとえば，経済的な豊かさを最優先に考える人と，自然との触れ合いを最優先に考える人では，おのずと生活の形態も居住地も異なったものになってくるであろう。

イソップの物語にある，「田舎の鼠と都会の鼠」の逸話のようなものである。田舎の鼠は，食べ物は貧しくてもゆったりと自分のペースで暮らすことに価値を見出し，都会の鼠は人間に追われ緊張しながらも，贅沢な食べ物のある暮らしに価値を見出しているのである。

▽ **ライフスキル**

ライフスキル（Life Skill）は，「生活技術」と訳される。生きるための社会的・経済的な活動を，うまくやっていくためのさまざまな技術ということになるが，現代社会ではとりわけ人間関係に関する技術に注目が集まっている。その場合，さらに限定的にソーシャルスキル（Social Skill；社会的スキル）と表現する場合もある。農業や林業・漁業などの第一次産業の生産活動にかかわるような技術や，日常生活に役立つ電化製品やパソコンの操作などの技術もライフスキルには違いない。しかし，現代社会においてはそうした具体的で実際的な，いわゆる技術的な力よりも，社会生活の中での人間関係におけるコミュニケーション力などの技術が，より重要視されている。それは，そうしたところで生じる問題がストレスの大きな原因になっているからでもある。

▽ **PTG**

　PTG は Posttraumatic Growth の略語で，日本語では「心的外傷後成長」と訳される。命を脅かされるような過酷で厳しい体験をしたり，そうした状況を目撃したりした場合に，PTSD（Posttraumatic Stress Disorder；心的外傷後ストレス障害）を発症することがある。この障害については，わが国では1995年の阪神淡路大震災やオウム真理教事件などをきっかけに，広く人々に知られるようになった。

　PTG については，それより遅れて研究が始まった。PTSD を発症するかもしれないような過酷な体験を経て，最終的に以前より精神的に強くなったり，人への信頼感が高まったりするという事象は，古くから知られていた。ただ，そうした事象は，これまでは小説や映画や演劇などの芸術表現の世界で扱われていた。それを，心理学や精神医学の領域で，科学的な研究の対象とすることが近年始まったのである。もちろん，単純にPTG の現象が起こるわけではなく，多くの場合は PTSD での苦しみと併存して起こる。過酷な体験をした人は，苦しみもがきながら生きているということを忘れてはならない。

▽ **タイプA性格**

　タイプA性格（タイプA行動特性）は，せっかちで攻撃的で競争心が強く仕事熱心な性格である。もともと虚血性心疾患の患者を診ていた医師が，待合室の椅子のヘリが普通以上に早くすり減ることに気づいて，この性格タイプに気づいたと言われている。このタイプの患者は，自分の診察の順番を，まだかまだかと腰を浮かせるように浅く腰掛けて待っていたため，椅子の特定の部分だけの傷みが早かったというわけである。

　仕事に熱心なことは一概に否定できることではなく，むしろ好ましい性格傾向ともいえるが，仕事に対して過剰に適応的な傾向は，日常の生活や家族を顧みず一直線に進んでいきがちなため周りとの摩擦も生じかねない。また高血圧や血糖値の上昇，動脈硬化などを伴うことも多いと言われ，心疾患の危険因子として注意すべき性格傾向なのである。

## ▽リテラシー

　リテラシー（Literacy）は，読み書きの能力のことである。ただ現在では，発展的にメディア・リテラシーとかコンピュータ・リテラシーなどのように，広くなんらかの分野についての能力を指して用いられることが多い。とりわけ，例として挙げたメディア・リテラシーの分野では，子どものインターネット接触に関して多くの問題が指摘されている。インターネットで特定のサイトに接続したり，不用意にデータをダウンロードしたりすることで，思いもかけぬ高額の請求をされたり，悪意を持った大人に利用されたりする事件が後を絶たない。

　つまりリテラシーとは，ただ単に機器やシステムの動作についての知識や操作能力を持っていることではなく，そのものの意味することを正確に理解した上で，有効に活用できる能力のことを指しているのである。

## ▽ソーシャルワーカー

　ソーシャルワーカー（Social Worker）とは，わが国では社会福祉士の国家資格を持った人々のことである。この資格を得るには，厚生労働大臣の指定する養成機関（専門学校や大学）において受験に必要な科目を履修して卒業し，国家試験に合格する必要がある。

　社会福祉士は，一般的にはその多くが社会福祉関連の施設や機関（高齢者施設，児童福祉施設，社会福祉協議会など）で働いている。また，総合病院などで入退院の相談業務や，患者の生活上の支援業務などに携わるソーシャルワーカー（医療ソーシャルワーカー；Medical Social Worker；MSW）もいる。また，精神病院や精神科クリニックなどで働くソーシャルワーカー（精神科ソーシャルワーカー；Psychiatric Social Worker；PSW）もおり，これには精神保健福祉士という別の国家資格がいる。さらには，まだ特定の資格はできていないが，学校と地域を拠点に，子どもの不登校などの問題にかかわるソーシャルワーカー（スクール・ソーシャルワーカー；School Social Worker；SSW）の活躍も期待されている。

# さくいん

## あ
アイコンタクト 50
愛他行動 81
愛着 55,133,136
アイデンティティ 94,95,102, 136,143,144
悪性新生物→がん
アジテーター 66,67
アッシュ 65
アリストテレス 62
アルバート・メラビアン 46
アルバイト 94,97,108
安全欲求 10
イーブン・ア・ペニー・テクニック 59
医師 19,31,34,37,39,40,118, 120,121,154
イタイイタイ病 148,149
一人称の死 122,123
いのちの教育 18,124,125,126
胃ろう 15,16
飲酒 13,22,23,27,56
インターネット 3,19,26,34,56, 68,86,87,88,89,91,155
ウイリアムズ 80
ASD（Acute Stress Disorder） 35,36
ADL（Activities of Daily Living） 15
ABC-Xモデル 114,115
H.G.ウェルズ 68
エクマン 50,51
エコノミー 149,150
エコロジー 149,150
エドワード・ホール 53
MDMA 28
エリクソン 143,144
援助行動 74,75,76,77,78,79,80, 81,82
音声行動 48,52

## か
ガーブナー 89
外傷後ストレス障害→PTSD
外的対象喪失 131
回復志向 136
カウンセラー 31,39,99,152
核家族 112,113
覚せい剤 28,29,30
カシオッポ 52
家族機能 112,113
価値観 15,18,48,49,60,89,99, 102,122,124,133
葛藤 31,99,133,144
過労死 148
がん 17,18,22,24,27,118,119
環境汚染 149
カンニガム 78
緩和ケア 118,119,120
危険因子→リスク・ファクター
喫煙習慣 24,26
キティ・ジェノベーズ事件 74,75
規範 64,89,111,132
気分転換 39
基本的自尊感情 146,147
キャリア 98,99,100,101,102, 103,104
キャリアカウンセラー 99
キャリアカウンセリング 99, 101,103
QOL 15,16,118,119,120,122, 153
QOD（Quality of Dying and/ or Death） 122,123
急性アルコール中毒 27
急性ストレス障害→ASD
近接学→プロクセミックス
キンゼル 52
グリーフ 132,133
グリーフ・ケア 132

## 
グリーフモデル 132,133
グリーフワーク 132,133, 136,137
群衆 62,63,66
警告反応期 42
契約社員 97,148
経歴 98
ゲゼルシャフト 111,112
結婚 22,40,41,106,107,108, 109,110,111,112,113
ゲマインシャフト 111,112
健康管理 15
健康教育 15
健康習慣 22,23
健康増進 15
健康被害 148
健康ブーム 22
言語表現 46,47,56,57
原子力発電所 34,148,149
憲法第25条 9
権利 9,10,106
公害 17,148
公共の福祉 9
公衆 9,62,63
合成麻薬 28
幸福権 9
高齢者 15,16,17,96
コーシャスシフト 64
コーピング 136,152
コミュニケーション 39,46, 47,50,52,55,56,57,59,60,72, 81,87,91,92,123,138,153
雇用形態 97,98,102
婚姻 106

## さ
再帰性 96,102,104,111,116
再婚 106
ザッツ・ノット・オール・テクニック 59

## さくいん

| | |
|---|---|
| 産業化 | 112 |
| ジェームズ | 145,146 |
| 自己開示 | 103,104 |
| 自己決定 | 102,103,104,126 |
| 自己実現 | 10,94,95,96,98,113,144 |
| 仕事 | 8,9,15,37,40,54,81,94,95,96,98,101,108,110,130,131,148,154 |
| 自己同一性 | 143 |
| 自己理解 | 99,102,103,126 |
| 自殺 | 17,138 |
| 事実婚 | 107,111 |
| 示準化石 | 150,151 |
| 視線行動 | 48,50 |
| 自尊感情（Self-Esteem） | 99,133,145,146,147 |
| 自尊の欲求 | 10 |
| 死の質→QOD | |
| 死別 | 119,131,132,133,134,135,136,137,138 |
| 死別体験 | 134,136 |
| 死への準備教育 | 124 |
| 死亡率 | 15,17,22,23,24,118 |
| 社会教育 | 144 |
| 社会的インパクト理論 | 80 |
| 社会的自尊感情 | 146,147 |
| 社会的承認 | 94,95,96,98,106,107 |
| 社会的促進効果 | 64 |
| 社会的手抜き | 64 |
| 社会的ネットワーク | 22 |
| 重婚 | 106 |
| 終身雇用 | 97 |
| 集団 | 62,63,64,65,66,69,70,71,78,111,112,115 |
| 集団規範 | 64 |
| 集団極性化 | 64 |
| 集団思考 | 64,65 |
| 終末期医療 | 118,119 |
| 就労 | 94,95,96,98 |
| 生涯学習 | 144 |
| 情動性 | 144 |
| 情報社会 | 34 |
| 職業 | 17,80,81,94,95,96,98,99,100,101,102,104,148 |
| 嘱託 | 97 |
| 職歴 | 98 |
| 所属と愛の欲求 | 10 |
| ジョハリの窓 | 103 |
| 心疾患→心臓病 | |
| 心身相関 | 37 |
| 人生観 | 142 |
| 心臓病 | 17,18,22,44,118 |
| 身体魅力 | 48,49 |
| 心的外傷後成長→PTG | |
| シンナー | 28,29 |
| 心理カウンセラー | 39 |
| 心理的な障壁（バリア） | 30 |
| 水質汚染 | 149 |
| スキル | 100,101,153 |
| ストレス | 8,9,34,35,36,37,38,39,40,41,42,44,53,54,55,80,90,103,113,114,115,130,131,133,134,135,136,137,148,152,153 |
| ストレス対処（Stress Corping） | 38,40,136,152 |
| ストレッサー | 37,38,39,40,41,42,43,44,134,135,136,137 |
| スピリチュアル | 13 |
| スメルサー | 69 |
| 生活環境 | 10,134,149,151 |
| 生活習慣 | 18,22,27,148 |
| 生活の質→QOL | |
| 青年期 | 11,31,143,144 |
| 生理的欲求 | 10 |
| 世界観 | 18,142 |
| 世界保健機関→WHO | |
| 接触行動 | 55 |
| セリエ（H.Selye） | 37 |
| セルフ・プレゼンテーション | 49 |
| 喪失 | 40,130,131,133,136,137,138 |
| 喪失志向 | 136,137 |

**た**

| | |
|---|---|
| ターミナルケア | 118 |
| ダーリー | 75 |
| 第1次ベビーブーム | 17 |
| 大気汚染 | 149 |
| 第三者効果 | 89 |
| 大衆 | 62,63,71 |
| 対象喪失 | 130,131 |
| 対人援助職 | 37 |
| タイプA性格 | 44,154 |
| 脱法ドラッグ | 28 |
| WHO | 12,13,119,120 |
| ダブルメッセージ | 48,56 |
| 段階的要請法 | 58 |
| 長寿 | 16 |
| 長寿国 | 13 |
| 直系家族 | 112 |
| 通院者率 | 11 |
| 通信機器 | 65,91 |
| 津波 | 34,36,68,145 |
| DSM-4-TR | 35,43 |
| 抵抗期 | 42 |
| 定年退職 | 102 |
| デス・エデュケーション（death education）→死への準備教育 | |
| デマ | 68,69 |
| デモ隊 | 66 |
| ドア・イン・ザ・フェイス・テクニック | 59 |
| 動的な状態（dynamic state） | 13 |
| 匿名性 | 66,92 |
| 土壌汚染 | 149 |

**な**

| | |
|---|---|
| 内的対象喪失 | 131 |
| 二次的ストレッサー | 134,135,137 |
| 二重過程モデル | 136 |
| 日常生活動作→ADL | |
| ニューメディア | 86 |
| 乳幼児死亡率 | 15 |

157

認知　39,47,54,57,58,77,78,115,
　　131,132,133,134,152
ネゴシエーション（交渉術）　57
ネットワーク　22,34,86,87
ネットワークメディア　86
年功序列　97
脳血管疾患→脳卒中
脳卒中　17,18,118
ノンバーバル・コミュニケー
　ション（NVC）　46,47

## は

パーソナリティ　101,113,123,
　　133
パーソナルスペース　52,53,54
パーソナルメディア　86
パート　97
バーバル・コミュニケーション
　（VC）　46,57
ハロー　55
バーンアウト→燃えつき症候群
バーンランド　55
ハイダー　57,58
派遣社員　97,148
パッチテスト　27
発動性　144
パニック　68,69,70,71,82
バランス理論　57,58
晩婚化　109,111
PTG（Post-Traumatic
　Growth）　43,154
PTSD（Post-Traumatic
　Stress Disorder）　36,37,43,
　　81,154
P.ドゥリー　77
B.ワイナー　77
ピアジェ　143
東日本大震災　34,68,69,80,130,
　　131,145,148

非言語表現　46,47,48,50,56,60
非正規雇用　148
非正規雇用者　97
悲嘆　130,131,132,133,134,135,
　　136,137,138
疲労困憊期　42
フィードバック　102,103,104
夫婦家族　112
フーリガン　66
不可避性　18
複合家族　112
フット・イン・ザ・ドア・テク
　ニック　58
普遍性　18
ブランド・ハプンスタンス・セ
　オリー　101
フレーミング効果　90
フロイト　143
プロクセミックス　52,53
分煙　26
平均寿命　13,14,15
法律婚　111
ホーソン工場　65
ホームズ（Holmes,T.H.）　40,
　　113
保健衛生　15
母子関係　111
ホスピス　118, 119,120,121,
　　122
ホスピスケア　119,120,122
没個性化　66,67
ボランティア　37,81,94

## ま

マスメディア　63,86,87,88,89,
　　90,134
マズロー　10,62
マナー　64
見合い結婚　107,108

水俣病　148,149
ミラー効果　50
無名性　66
メッセージ　47,48,49,50,52,
　　56,60
メディアリテラシー　91
メンバー　40,63,64,112,115
燃えつき症候群　81
門前払い法　59

## や

薬物　28,30,31,138
薬物乱用　28,30,31
有訴者率　11

## ら

ライフイベント　40,113,133
ライフ・キャリア　98,99
ライフスタイル　13,109,149
ラタネ　75,80
ラポール　134,152
乱用　28,31
離婚　40,41,106,113,131
リスキーシフト　64,65
リスク・ファクター　44
リハビリ　12
流言　68,69,70,71,82
リラクセーション　39,153
臨床心理士　34,37,39
ルール　64
歴史性　142,144
レジリエンス（Resilience）
　　42
恋愛結婚　107,108,111
労働　65,94,95,96,98,99,102,
　　148,149
労働環境　65,149

[編著者]

**近藤 卓**（こんどう　たく）
1948年生まれ。東海大学文学部心理・社会学科および大学院文学研究科臨床心理学系教授。子どもといのちの教育研究会・会長，日本学校メンタルヘルス学会・理事，日本学校保健学会・理事。専門は健康教育学，臨床心理学。臨床心理士，学術博士。高等学校の教諭を約10年間勤めた後，東京大学大学院教育学研究科博士課程満期退学。ロンドン大学精神医学教室客員研究員，群馬大学，立教大学などの講師の後，東海大学に勤務。今に至る。約30年間にわたってスクールカウンセラーを務め，現在も継続中。主な著書に，
『いのちを学ぶ・いのちを考える』大修館書店，2002年
『パーソナリティと心理学—コミュニケーションを深めるために—』大修館書店，2004年
『死んだ金魚をトイレに流すな—「いのちの体験」の共有』集英社，2009年
『自尊感情と共有体験の心理学』金子書房，2010年

[執筆者]

近藤　卓　　同上（第1章〜3章，第12章）
弓田千春　　東海大学文学部心理・社会学科講師（第4章〜第7章）
米田朝香　　東海大学文学部心理・社会学科講師（第8章〜第11章）

二十歳（はたち）までに考（かんが）えておきたい12のこと—現代人（げんだいじん）の暮（く）らしといのち—
©KONDO Taku, 2012　　　　　　　　　　　　　　　　NDC361／160p／21cm

| 初版第1刷 | 2012年9月25日 |
|---|---|
| 編著者 | 近藤卓（こんどうたく） |
| 発行者 | 鈴木一行 |
| 発行所 | 株式会社　大修館書店 |
| | 113-8541　東京都文京区湯島2-1-1 |
| | 電話 03-3868-2651（販売部）　03-3868-2298（編集部） |
| | 振替 00190-7-40504 |
| | [出版情報] http://www.taishukan.co.jp |

| 装丁・本文デザイン | 杉山伸一（有限会社 B.C.） |
|---|---|
| カバー絵画 | にしな のこ |
| 印刷所 | 広研印刷 |
| 製本所 | 司製本 |

ISBN978-4-469-26737-2　Printed in Japan

Ⓡ本書のコピー，スキャン，デジタル化等の無断複製は著作権法上での例外を除き禁じられています。本書を代行業者等の第三者に依頼してスキャンやデジタル化することは，たとえ個人や家庭内での範囲であっても著作権法上認められておりません。

## こころを聞く　カウンセリング入門
崎尾英子著　　　　　　　　　　　本体価格1,800円　四六判　258頁

混乱した話をどう聞くか，共感しにくい悩みに何が言えるか。カウンセリングの現場で問われるコミュニケーション力，こころを聞き，こころを伝えるための知恵と技法を最先端のサイコセラピストが語る。身近に悩む人間を抱える人すべてに頼りになる一冊。

## 壊れかけていた私から壊れそうなあなたへ
豊田正義著　　　　　　　　　　　本体価格1,400円　四六判　202頁

出社拒否，ＤＶ（ドメスティック・バイオレンス），性的倒錯，摂食障害…かつて自らこうした問題に向き合い，修羅場ともいえる状況をくぐり抜けてきたカウンセラーたちを＜回復者カウンセラー＞と呼ぶ。自ら心の悩みを抱え，最良のカウンセラーを探し求めてきたノンフィクション作家が，彼らの経験と実践を通して現代日本社会が抱える日常の病理に鋭く迫り，その処方箋を探る渾身のルポルタージュ。

## コミュニケーション学への招待
橋元良明編著　　　　　　　　　　本体価格2,100円　Ａ5判　242頁

ヒトはなぜことばを使い始めたのだろう？　言語が違えば思考回路も違う？　動物はどのように意思伝達するのか？　広告だけではビールの味は伝えられる？　うわさ話はどのように広がるのか？　メディアは人間関係を変えたか？――あらゆる角度から＜コミュニケーション＞を切り取る方法を提示する入門書。

## 暮らしのテクノロジー　20世紀ポピュラーサイエンスの神話
原克著　　　　　　　　　　　　　本体価格2,300円　四六判　328頁

回転寿司，リモコン，カーナビなどの出現が何を変えたか。現代生活の中で普及した発明11点を取り上げ，発明の経緯と背景，そこに込められた理想や欲望，それらにまつわる人々のイメージ形成を検証し，その本質的意味を考究する。多数の図版により20世紀の息吹を再現しながら目から鱗の考察を展開する，知的刺激溢れる快著。

## 疫病の時代
酒井シヅ編　養老孟司ほか著　　　本体価格1,800円　四六判　258頁

急速に広がり人々を倒し，それぞれの社会に計り知れない影響を与える病，疫病。疫病で病むのは個人であるが，その表象は社会に現れる。疫病はまたすべての病気が持つあらゆる問題を抱えている。本書では，疫病を過去の歴史としてではなく現在進行形で存在している病としてとらえ，疫学や医療史のほか科学や文化史など，さまざまな視点から考えた。

（定価＝本体＋税　2012年9月現在）